일제침탈사 30
바로알기

학교는 늘었지만

• 김광규 지음 •

조선총독부 교육정책의 실체

발간사

　일본이 한국을 침탈한 지 100년이 지나고 한국이 일본의 지배로부터 벗어난 지 70년이 넘었건만, 식민 지배에 대한 청산은 이루어지지 못하고 있습니다. 일본의 독도영유권 주장은 도를 넘어섰습니다. 일본은 일본군'위안부', 강제동원 등 인적 수탈의 강제성도 인정하지 않고 있습니다. 일본군'위안부'와 강제동원의 피해를 해결하는 방안을 놓고 한일 갈등은 최고조에 이르고 있습니다. 역사문제를 벗어나 무역분쟁, 안보위기 등 현실문제가 위기국면을 맞고 있습니다.

　한일 갈등은 식민 지배의 역사를 어떻게 볼 것인가 하는 역사 인식에서 기인합니다. 역사는 현재와 과거의 대화이며 이를 기반으로 미래로 나아갈 수 있습니다. 과거 침략의 역사를 미화하면서 평화로운 미래를 말하는 것은 불가능합니다. 식민 지배와 전쟁발발의 책임을 인정하지 않고 반성하지 않으면 다시 군국주의가 부활할 수 있고 전쟁이 일어날 위험성도 배제할 수 없습니다. 미래지향적 한일관계를 형성하고 나아가 동아시아의 평화와 번영의 기틀을 조성하기 위해 일본은 식민 지배의 책임을 인정하고 그 청산을 위해 노력해야 할 것입니다.

　식민 지배의 역사를 청산하기 위해서는 식민 지배는 어떻게 이루어졌는지 그 실상을 명확하게 규명하는 일이 긴요합니다. 그동안 일본제국주의에 맞서 조국의 독립을 위해 헌신한 독립운동가들의 활동을 찾아내고 역사적으로 평가하는 일에는 상당한 성과를 거두었습니다.

반면 일제 식민침탈의 구체적인 실상을 규명하는 일에는 충분한 노력을 기울이지 못했습니다. 제국주의가 식민지를 침탈했다는 것은 너무나 당연한 사실로 여겨졌기 때문에, 굳이 식민 지배에서 비롯된 수탈과 억압, 인권유린을 낱낱이 확인할 필요가 없었는지도 모릅니다. 그러는 사이 일본은 식민 지배가 오히려 한국에 은혜를 베푼 것이라고 미화하고, 참혹한 인권유린을 부인하는 역사부정의 인식을 보이는 데까지 이르고 있습니다. 일제의 통치와 침탈, 그리고 그 피해를 종합적으로 조사하고 편찬할 필요성이 여기에 있습니다.

일제침탈사를 체계적으로 정리하는 일은 개인이 감당하기 어렵습니다. 이에 우리 재단은 한국 학계의 힘을 모아 일제침탈사 편찬위원회를 꾸렸습니다. 편찬위원회가 중심이 되어 일제의 식민지 침탈사를 정치·경제·사회·문화 모든 방면에 걸쳐 체계적으로 집대성하기로 했습니다. 일제 식민침탈의 실체를 파악하기 위해 2020년부터 세 가지 방면으로 사업을 추진하고 있습니다. 하나는 〈일제침탈사 자료총서〉를 편찬하여 구체적이고 생생한 자료를 통해 일제침탈의 실상을 제공하는 일입니다. 다른 하나는 이들 자료를 바탕으로 연구한 결과물을 〈일제침탈사 연구총서〉로 간행하는 일입니다. 그리고 연구 결과를 대중이 이해하기 쉽게 정리하여 〈일제침탈사 교양총서〉를 '바로알기' 시리즈로 간행합니다. '바로알기' 시리즈는 우리 중학교, 고등학교 학생들도 어렵지 않게 읽을 수 있도록 제작했습니다. 오랫동안 학계에서 공부해 온 전문가 선생님들이 일제 침탈과 관련된 다양한 주제를 집필해 주셨습니다. 이해하기 쉽도록 해당 주제를 사안별로 나눠 집필해서 가독성을 높였고, 사진과 도표로 충분히 곁들였습니다. '바로알기' 시리즈를 통해 많은 시민과 학생들이 제국주의 일본의 한반도 침탈과 그로 인한 피해 실상을 바로 알 수 있게 되기를 바랍니다.

2024년
동북아역사재단 이사장

서문

　지금 모든 법률과 제도를 개혁하는 때를 맞이하여 영재를 기르는 즐거움이 제일의 급무다. 이에 소학교를 제정하여 먼저 경내에서 시행한다. 장차 7세 이상의 남자를 뽑아 모두 이 학교에 입학시켜 오륜행실, 진문(한문), 수신, 문자(국문), 아국과 만국의 지지, 역사 초보 등을 익히게 한다. 3년으로 학업을 마치되 1년을 2기로 삼아 실력을 헤아려 가르친다. … 예로부터 배움에는 반드시 스승이 있으니, 가르치는 도로써 수업하는 까닭이다. … 이에 사범학교를 제정하여, 먼저 경내에서 시행한다. 별도로 나이 15세 이상 20세 이하의 남자로 자못 한문 능력을 갖춘 자를 뽑아 국문 철자, 국문 기사, 진문 기사, 논설, 아국과 만국의 역사·지리, 경제, 법률, 박물, 산수 등을 교습하여 장차 소학교 사범이 되게 해서 인재를 육성하게 하니 또한 아름답지 않겠는가. … 이에 본 아문에서는 소학교와 사범학교를 먼저 경내에 설치하여 위로는 공경대부의 자식으로부터 아래로는 일반 백성의 준수한 인재에 이르기까지 모두 이 학교에 입학시켜 … 시무를 익히고 때에 맞추어 내수와 외교에 각각 그 쓰임을 적합하게 하려 하는 것이니, 진실로 일대 기회이다. 대학교와 전문학교도 장차 순서대로 갖출 것이다. 무릇 우리나라의 모든 배우는 자들이 입학하여 공부를 시작하니, 전심으로 가르침을 청하여 성세의 교화를 이루고자 하는 뜻을 저버리지 말지어다.

-「학무아문 고시문」 1894. 8. 2.

1894년 갑오개혁 당시, 정부는 위의 고시문을 통해 신교육의 기본 방침을 밝혔다. 신분 차별 없이 일정한 나이가 되면 모두 학교에 입학할 수 있도록 하고, 소학교와 소학교 교원을 양성하는 사범학교를 우선 설립하되 추후 대학교와 전문학교도 설립한다는 것이다. 이 고시문이 발표되고 한 달 뒤 실제로 소학교와 사범학교가 함께 개교했으니 신교육의 첫 삽을 뜨고 씨를 뿌렸다고 할 수 있겠다. 그러나 씨가 싹을 틔우고, 열매를 맺을 만큼 충분히 자라기도 전에 우리는 국권을 빼앗기고 최소한의 교육권을 확보하기 위해 제각기 고군분투해야 하는 처지가 되었다.

일제강점하에서도 신교육은 이루어졌다. 소학교가 증설되었고, 갑오정부가 후일을 기약했던 대학과 전문학교도 문을 열었다. 그런데 그 학교들에서 이루어진 교육은 어떤 교육이었을까? 조선총독부가 수립한 교육체제에 따른 학교 교육은 국권을 빼앗기지 않았다면 우리 정부에 의해 이루어졌을 그것과 같은 모습이었을까? 학교 교육을 통해 이루고자 하는 목적이나 지향하는 가치는 달라지지 않았을까?

일제강점기에 학교를 다녔던 사람들의 회고에 간혹 자신은 차별 대우를 받은 적이 없다거나 일본인 교원에 대해 깊은 감사나 존경을 표하는 경우가 있다. 일본인 교원 중에는 이른바 선의의 일본인, 즉 교원으로서 학생을 위해 관심과 배려, 친절을 베푼 자도 있었을 것이다. 일제강점기 학교에서 모든 조선인 교원과 학생이 조선총독부의 교육정책이나 일본인 교원에 맞서 저항한 것은 아니었다. 많은 조선인이 취직, 입신출세 등 자신의 사적 욕망을 위해 학교에 가고 싶어 했다. 그 욕망의 실현이 사실상 일제의 통치에 복무하는 것이라 해도 말이다. 많은 조선인이 세칭 일류 학교에 가고 싶어 했다. 그 학교가 조선인의 '민족사학'

이 아니라, 조선총독부가 주도하는 관공립학교라 해도 말이다.

본래 개인이 교육을 받는 목적에는 사적 측면과 국가와 민족, 사회와 공공선의 실현에 기여한다는 공적 측면이 중첩되어 있기 마련이다. 개인의 내면에서 양자를 구분하거나, 어느 쪽이 더 큰지 분별하는 것은 거의 불가능힐 것이다. 일제강점기는 교육의 공직·사직 측면을 조화롭게 일치시키기 어려운 시기였다. 사적 욕망의 달성이 민족의 공동선에 반할 수 있기 때문이다.

우리 근대 교육의 역사가 일방적으로 외세에 억압당하고 종속된 역사였던 것은 아니다. 일제강점기에도 조선인은 더 많은, 더 나은 교육을 받기 위해 저항하는 한편으로 면종복배(面從腹背)식 협력을 하며 고군분투했다. 그에 따라 조선총독부의 교육정책도 본래의 의도대로 관철되긴 어려웠다.

그러나 일제강점기 교육에서 식민 지배 권력이 갖는 영향력은 압도적이었다. 식민 지배 권력이 피지배 민족의 독립과 자유, 번영을 지지할 리는 만무하며, 차별과 억압은 공기와 같이 당연하지 않겠는가?

이 책은 1894년부터 1945년 8·15 광복 직전까지 일제의 침략으로 신교육의 싹이 짓밟히고, 어렵게 맺힌 열매마저 왜곡되어 뒤틀리는 모습을 다루었다. 초등·중등·고등 교육을 포괄하여 18개 주제로 구성하였고, 조선총독부의 교육정책과 일제강점기의 교육제도에 대해 그 의도와 실제 내용, 결과를 아울러 살펴보고자 했다. 독자들의 이해를 돕기 위해 당시의 신문 기사와 개인 회고록, 사진 등 교육의 실제를 보여주는 자료를 풍부하게 담았다.

차례

발간사 • 2

서문 • 5

1. 우리나라에서 신교육은 언제, 어떻게 시작되었을까? • 10

2. 근대 개혁기 신교육의 확장 • 13

3. 일본의 교육 침투는 대한제국의 교육을 어떻게 바꾸었나? • 21

4. 교육구국운동의 역사적 의의 • 27

5. 제1차 「조선교육령」의 본질은 무엇일까? • 35

6. 그 많던 사립학교는 다 어떻게 되었을까? • 40

7. 제2차 「조선교육령」의 본질은 무엇일까? • 45

8. 돈이 없어서, 돈이 있어도 다니기 힘든 초등학교 • 49

9. 열기도, 들어가기도 어려운 문·일반계 중등학교 • 55

10. 조선인·일본인 공학 실업학교의 민족 차별 • 61

11. 민족별로 서열화된 사범학교 • 67

12. '우리는 그저 남의 세상에 돈만 내는가'-대학과 전문학교 • 71

13. 동일 노동 차등 임금?-일본인 교원의 가봉 • 80

14. 학교 교육에서 소외되는 여성들 • 86

15. '실습' 어떻게 봐야 할까? • 92

16. 제3차 「조선교육령」의 본질은 무엇일까? • 99

17. 일제 말 노동으로 내몰리는 학생들 • 105

18. 1943년 일제는 왜 또 「조선교육령」을 개정했을까? • 111

맺음말 • 114

참고문헌 • 118

찾아보기 • 120

1

우리나라에서 신교육은 언제, 어떻게 시작되었을까?

　우리나라의 학교교육은 오랜 역사를 가지고 있다. 고구려의 태학, 신라의 국학 등 고대에도 국가가 설치한 관학이 존재했고, 고려는 건국 초부터 수도 개경과 지방에 유학 교육을 주목적으로 하는 관학을 설립했다. 조선도 성균관을 정점으로 하는 국가적인 교육체제를 갖추고 있었다. 그러나 신분제 사회에서 국가 교육제도가 갖는 한계는 분명했다. 일반 백성들은 서당교육 이상의 교육 기회를 얻기 어려웠고, 교육 내용도 유학 경전과 도덕에 머물러 있었다.

　이와 달리 근대 국민교육은 교육의 기회와 내용 면에서 보통성과 평등성을 지향한다. 또한 대학을 정점으로 하여 초등교육, 중등교육을 체계적으로 배치하는 새로운 학교 제도가 필수적이다. 근대적인 학교 제도에서 초등학교와 중등학교는 각각 초등·중등 보통교육을 실시하면서 단계적으로 상급학교와 연결되어야 한다. 이러한 점에서 우리나라

신교육의 제도화는 1894년 갑오개혁을 계기로 시작되었다고 할 수 있다. 1894년 6월 갑오 정부는 관제를 개편하면서 교육을 총괄하는 기구로서 학무아문을 신설했다. 학무아문 산하에 총무국, 성균관·상교(庠校)·서원사무국, 전문학무국, 보통학무국, 편집국, 회계국 등 6개 부서를 두었는데, 이중 보통학무국에서는 소학교와 사범학교를, 전문학무국에서는 중학교, 대학교, 기예학교, 외국어학교, 전문학교를 관리하도록 했다. 여기서 갑오 정부가 소학교-중학교-전문학교와 대학교로 이어지는 초등·중등·고등교육제도를 구상했음을 알 수 있다. 또한 편집국에서는 국문(한글)의 철자, 외국어 번역, 교과서 편집을 담당하도록 했는데, '국문의 철자'는 한문이 아닌 국문을 학교교육에 포함시키려는 것으로, 근대 국민교육에서 중요한 의미를 갖는다.

〈그림 1-1〉 현 교동초등학교 전경
1894년 9월 18일 우리나라 최초의 소학교와 사범학교가 개교했다. 두 학교가 같은 건물을 사용했는데, 서울 종로구의 현 교동초등학교 자리에 있었다.
- 출처: 개인 소장

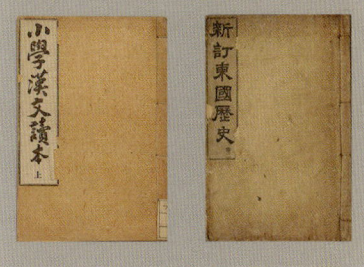

〈그림 1-2〉 사범학교 졸업생 원영의(元泳義)가 저술한 교과서 『소학한문독본』과 『신정동국역사』. 원영의는 1895년 4월 사범학교에 입학하여 속성으로 졸업한 후, 1895년 8월부터 10년간 관립소학교 교원으로 재직했다. 사직한 뒤에도 여러 사립학교에서 학생들을 가르치며 교육계에서 활동했고, 여러 권의 교과서를 저술했다.
- 출처: e뮤지엄

소학교와 사범학교를 우선 설립한다는 갑오 정부의 방침에 따라 우리나라 최초의 소학교와 사범학교가 1894년 9월 18일 개교했다. 두 학교는 교탁, 책상, 걸상, 칠판 등의 시설을 갖추고 있었으며, 수업 시간도 일정했고, 국문, 산술, 역사, 지리 등 신식 과목을 교육했다. 사범학교의 교육과정에는 소학교 교육과정에 없는 경제, 법률, 박물 등의 과목도 포함되었다. 이 소학교와 사범학교의 입학생은 정부 각 부서에서 추천을 받은 남학생들이었다. 일반 민인의 자제와 여성은 사실상 입학이 불가능했다는 한계가 있지만, 교육의 내용과 형식 면에서 신교육 제도화의 시작이라고 평가할 만하다.

2
근대 개혁기 신교육의 확장

정부의 신식 학교 설립

1894년 11월 새로 출범한 제2차 갑오 정부는 이듬해 소학교와 사범학교, 외국어학교, 법관양성소 등 여러 학교에 대해 학교의 설립과 경비, 관리 감독, 교육과정, 입학과 졸업, 교원 자격 등을 법령으로 상세하게 규성하였다.

소학교에 대해서는 학교 설립 주체에 따라 관립·공립·사립 3종으로 구분했는데, 공립소학교 경비는 당분간 국고에서 지출하고 사립소학교는 국고나 해당 지방 재정에서 보조를 받을 수 있도록 했다. 가능한 한 빨리 소학교를 보급하기 위한 조치였다. 정부는 서울에 관립소학교를 추가로 설립하는 한편, 지방관에게 관할지에 공립소학교를 설립하게 하고, 교원 파견, 보조금 지급 등의 지원 방안을 마련했다. 따라서 각 지방에서는 지방관을 중심으로 자치적으로 소학교를 설립·운영하게 되었다. 지방의 공립소학교는 주로 지방 공유재산을 학교의 재원으로 삼고, 향교나 관공서 건물의 일부를 교사(校舍)로 활용했다. 정부에서는 사범학교 졸업생을 정교원으로 파견하거나 해당 지방에서 교원으로 추천한 사람을 부교원으로 임명하고, 국고에서 경비를 보조하였다.

1896~1905년까지 전국에 총 103개교의 공립소학교가 설립되었고, 이 중 55개교에 정부가 교원을 배치한 것이 확인된다.

〈표 2-1〉 1896~1905년 공립소학교 설립 현황

연도	1896	1897	1898	1899	1900	1901	1902	1903	1904	1905	계
강원	춘천군 원주군 강릉군	회양군		철원군	금성군			평강군	금화군		8
경기	한성부 수원군 개성부 양주군 파주군 강화부 인천항	김포군 통진군		진위군 남양군 안산군	용인군 과천군 부평군 양천군 풍덕군 포천군	광주부	양근군		안성군		21
경남	진주군 부산항				동래항 김해군 창원항	밀양군 창원군					7
경북	대구군 경주군 안동군					상주군					4
전남	광주군 제주목 순천군 영광군	무안항			장성군	담양군 진도군					8
전북	전주군 남원군			옥구항							3

연도	1896	1897	1898	1899	1900	1901	1902	1903	1904	1905	계
충남	공주군 홍주군 임천군					직산군					4
충북	충주군 청주군						황간군				3
평남	평양군 성천군		삼화항 증산군	평양부 강서군	용강군	삼동군 안주군 상원군	중화군				11
평북	영변군 의주군 강계군			운산군 곽산군			정주군				6
함남	함흥군 원산항 북청군			장진군 정평군 안변군 영흥군 문천군 덕원부 홍원군	고원군 덕원항	단천군		함흥군			14
함북	경성군 경흥항			성진항	종성군 길성항		회령군 경성군	명천군		북간도	9
황해	해주군 안악군				장연군	토산군				금천군	5
계	38	4	2	17	17	12	6	3	2	2	103

출처: 임인재, 2015, 「1895~1910년 서북지역 공·사립학교 설립 연구」, 한양대학교 대학원 석사학위논문, 15쪽.

정부는 외교관, 교원, 법관 등 당시 시급히 필요한 실무 인재를 양성하기 위해 법관양성소, 사범학교, 외국어학교도 설립하였다. 또한 1894년 설립한 사범학교를 1895년 한성사범학교라고 명칭을 바꾸고 사범학교 교육과정도 정비하였다.

〈그림 2-1〉 현 정독도서관 전경과 정독도서관 내 중등교육 발상지 기념비
1900년 우리나라 최초의 중학교가 개교했다. 이 관립중학교는 통감부 설치 후 한성고등학교로, 일제강점기에는 경성고등보통학교로, 해방 후에는 경기고등학교로 개편되었다. 1976년 경기고등학교가 이전한 후 정독도서관이 개관하여 현재에 이르고 있다.

- 출처: 정독도서관 인스타그램

대한제국기에는 중등교육도 시작되었다. 대한제국 정부는 1899년 「중학교관제」, 1900년 「중학교규칙」을 제정하여 중등교육에 대한 법적 규정을 마련했다. 그에 따르면, 중학교 입학은 소학교를 졸업하고 중학교 입학시험에 합격해야 가능했다. 또한 교육과정은 수업연한 4년의 심상과와 3년의 고등과로 구성하고, 고등과 졸업생에게는 전문학교 입학 자격을 부여했다. 초등교육의 다음 단계이자, 고등교육을 받기 위한 준비교육으로써 중등교육 제도가 마련된 것이다. 정부는 규정 반포 후 곧바로 중학교 설립에 착수하여, 1899년 서울에서 우리나라 최초의 중학교가 개교했다.

대한제국기에는 의학교, 상공학교, 광무학교 등 고등 수준의 교육을 하는 학교도 설립되었다. 상공학교는 상업과 공업에, 광무학교는 광업에 필요한 실학을 교육하는 전문학교로, 수업연한은 각각 4년, 3년이었다. 상공학교는 1904년 농업을 추가하여 농상공학교로 발전하였고, 갑오 정부가 설립했던 외국어학교도 일본어, 영어, 법어(프랑스어), 아어(러시아어), 한어(중국어), 덕어(독일어) 학교로 분교하여 더욱 확장하였다.

신교육 확산에 기여한 민립학교

1905년까지 전국적으로 지방관, 전·현직 관리, 유생, 지역민이 합동하여 많은 민립학교가 설립·운영되었다. 민립학교에는 개인이나 재단의 출자에 의한 사립학교뿐 아니라 지역사회의 공공재산이나 지역민의 모금으로 설립·운영되는 공립학교도 포함된다.

대한제국 정부는 소학교 교육의 모범으로 삼을 만한 관립소학교를 서울에 설립하고, 공립소학교를 지방의 주요 지역에 설립하며, 소학교 확산은 사립학교를 통해 추진한다는 것을 기본 방침으로 삼았다. 고종은 여러 차례 조칙을 내려 학교 설립을 권장했고, 지역의 유지들도 이에 호응하여 개별 또는 합동으로 학교를 설립하였다.

전라북도 관찰사 이완용(李完用) 씨가 풍속을 살피고 교정함은 일일이 거론하기 어렵거니와, 흥학(興學)에 있어서도 전주부 내에 공립소학교 1교가 있으나 부내에 총명한 학생이 많으므로 다시 사립학교를 4곳에 설립하고 교원을 초빙하여 교수하게 하고, 각 교에 100냥씩 분급하여 교비로 사용하게 하였다. 또한 관내 26개 군에도 각각 사립학교를 설치하여 군내 민인의 자제를 교육하게 하고, 각 교에 300냥씩 경비를 보조하였다 한다.
─「일방선화(一方宣化)」,『황성신문』1899. 2. 25.

함경북도 종성군에서 유생들이 자금을 모아 학교를 설립하고자 한다는 보고가 있어 학부에서 공립학교로 인허하였고, 함경북도 경성의 이영진(李泳晉) 씨 등은 의숙(義塾)을 세우고 신학문 책자로 교수·연구한다더라.
─「심북인사(深北人士)의 흥학」,『황성신문』1900. 5. 17.

위의 사례와 같이 민립학교는 지방관과 지역민의 합심으로 설립·운영되고, 직간접적으로 정부의 지원과 관리를 받았다는 점에서 민간 주도형 공립학교라고도 할 수 있으며, 높은 공공성을 갖고 있었다.

소학교뿐 아니라 중등 이상 수준의 학교, 여러 분야의 전문 기술을 가르치는 학교도 민립으로 설립되었다. 대표적인 사례로 민영환(閔泳煥) 등이 1898년 서울에서 설립한 흥화학교를 들 수 있다. 여운형(呂運亨)은 흥화학교에서 신학문을 배웠던 경험을 다음과 같이 회고했다.

나는 19살 되던 때까지 고향에서 사숙에 다니며 사서오경 등의 한학을 배우고 있다가 … 서울에 와서 신학문을 배워야겠다는 생각으로 그때 최초로 된 배재학당에 입학하였다. … 그곳에서 얼마를 공부하다가 마침 흥화학당이란 새 학교가 창설되었으므로 다혈질의 여러 학우와 함께 그 학교에 입학하였다. 흥화학당은 근세 교육사상 특서대필하여도 좋은 곳으로, 처음 미국공사로 가 있던 충정 민영환 씨가 귀국하여 서양 문명을 수입해야 한다는 뜻으로 설립하고, 구라파에 유학 갔다가 돌아온 신진 학자들을 초빙하여 생전 들어도 못 본 물리, 화학, 영어 등을 가르쳤다.
- 여운형, 1932, 「자서전」, 『삼천리』 제4권 제9호

흥화학교는 교육과정을 보통과 3년, 고등과 2년으로 구성했는데, 영어, 체조, 역사, 산술, 지지, 토론, 체조 등이 모든 학년의 필수과목이었고, 보통과 3학년과 고등과에는 법학개요, 행정학개요, 경제학개요 등이 추가되었다. 교육과정으로 볼 때 중등 교육기관으로서 손색이 없다고 평가할 만하다.

1905년 4월 이용익(李容翊)이 설립한 보성전문학교는 '전문'이라는 명칭을 붙인 최초의 학교였다. 이용익은 보성전문학교 설립 전후로 보성소학교와 보성중학교를 설립했다. 다음은 보성중학교의 학생 모집 광고이다.

보성중학교를 신설하고 고등보통학술로 일반 국민을 교육하고자 하오니, 장래에 실업·실무에 종사하거나 각종 전문학교에 입학하고자 하는 청년·제군은 어서어서 내학(來學)하시어 중등 이상 보통 지식을 전비(全備)하기 바랍니다.
- '학원 모집 광고', 『황성신문』 1906. 8. 16.

소학교-중학교-전문학교로 이어지는 학교 제도의 완성이 민간에서 이루어진 것이다. 이같이 민립학교는 정부가 다하지 못한 부분을 채우며 신교육 확산에 큰 역할을 하였다.

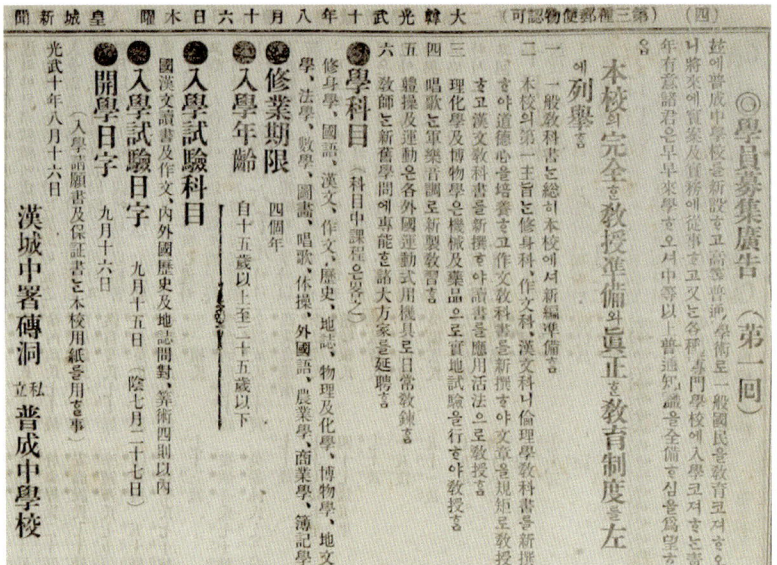

〈그림 2-2〉 보성중학교 학생 모집 광고
본교는 완전한 교수 준비와 진정한 교육제도를 갖추고 있으며, 수업연한은 4년, 입학 연령은 15~25세, 입학시험 과목은 국한문 독서와 작문, 내외국 역사와 지지(구두시험), 산술 사칙연산이라고 알리고 있다.
– 출처: 『황성신문』 1906. 8. 16.

3

일본의 교육 침투는 대한제국의 교육을 어떻게 바꾸었나?

대한제국 학정참여관 시데하라 다이라의 「한국교육개량안」

러일전쟁에서 승기를 잡은 일본은 정부 각 부서에 일본이 추천하는 고문을 두도록 강제하였다. 학부에도 당시 관립중학교 교사로 와 있던 시데하라 다이라(幣原坦)가 1905년 2월 1일 학정참여관으로 부임했다. 그가 학정참여관으로 재직하던 중 일본에 보낸 보고서인 「한국교육개량안」(1905. 4. 11.)은 한국 교육 전반에 대한 개편 방향과 구체적인 계획을 담고 있다. 「한국교육개량안」은 방침과 방법 2개의 장으로 구성되어 있는데, 방침의 요점은 한국을 일본의 보호국으로 만드는 데 적당한 교육을 하기 위해 일본어를 보급하고 학제와 교육과정은 가급적 간단하게 한다는 것이었다. 그리고 그 실행 방법을 다음과 같이 제시하였다.

〈표 3-1〉「한국교육개량안」(1905)의 '방법'

1기	1. 보통학교 도입	· 종래 유명무실한 심상소학교(약 50개교)와 고등소학교(1개교)를 근저에서부터 개량, 합병하여 보통학교로 할 것 · 각 부·군에 점차 1개 이상을 설치할 것 · 보통학교의 수업연한은 4년으로 할 것 · 서당에 다녀서 어느 정도 학습을 이룬 자제부터 취학시킬 것 · 초학년부터 반드시 일본어를 배우도록 할 것
	2. 입학 장려	· 법안을 만들어서 보통문관은 학교 졸업생에서 뽑는 방법을 개설
	3. 시학기관 설치	· 학부에 시학관을 설치하여 각 학교를 시찰
	4. 교과서 편찬	· 보통학교 교과서 편찬을 서두를 것
	5. 사범학교 개혁	· 커리큘럼의 쇄신 · 입학생은 보통학교 졸업생에서 선발 · 상급생은 일본어로 교수해도 지장이 없도록 할 것
	6. 외국어학교 통일	· 현 상태는 통역의 공급 이외에는 취할 만한 것이 없음 · 일어, 한어, 영어, 불어, 덕어 등 각 학교가 독립된 것을 1개교로 통일할 필요가 있음 · 점차 축소 방향으로
	7. 중학교 개혁	· 수업연한을 3년으로 축소 · 명칭을 고등학교로 개칭 · 커리큘럼과 교과서 정비 필요
	8. 농상공학교 정돈	· 전문가를 초빙하여 정식 수업을 시작해야 함
	9. 사립 일어학당 처치	· 각지에 산재한 일어학당은 보통학교로 병합 · 관계자는 교사로 채용
2기	1. 여학교 창설	· 중류계급 이하의 여성을 위해 여학교 설립 · 정도는 보통학교 이상을 바라선 안 됨
	2. 농상공학교 분리	· 수요에 따라 농림학교와 상공학교를 분리 · 농림학교는 현재의 교사에서 이전해 농림 및 식림 방법을 교수
	3. 고등학교 및 제전문학교 증설	· 경성 및 각도 관찰부 소재지에 지방의 정황에 맞게 설립
	4. 성균관 개혁	· 장래 조선에서 실제상의 대학으로 · 학생은 고등학교 졸업자 또는 사범학교 졸업자를 수용
3기	1. 고등전문학교 설립	· 이상의 사업이 성공하여 교육 확장이 필요할 경우, 시기를 보아 전문학교나 고등학교 졸업생을 수용할 시설로써 설립
	2. 보통학교 보습과 설치	· 보통학교의 교육 증보를 목적 · 수업연한 2년

〈표 3-1〉과 같이 시데하라가 구상한 한국 교육 '개량'의 요지는 학교 명칭 변경과 수업연한 축소, 일본어 교육 강화, 여성교육과 고등교육 경시였다. 시데하라는 1906년 2월 통감부 설치 직후 해임되었지만, 그의 한국 교육에 대한 구상은 통감부의 결정에 거의 그대로 반영되었다.

학교 제도의 변개

통감부 설치 후 1906년 8월 27일 「농림학교관제」, 「학부직할학교 및 공립학교관제」, 「사범학교령」, 「고등학교령」, 「외국어학교령」, 「보통학교령」 등 교육에 관한 칙령 6개가 동시에 공포되었다. 그 주요 내용을 보면 학교 명칭이 시데하라가 제안한 대로 소학교에서 보통학교로, 중학교에서 고등학교로 바뀌고, 보통학교와 고등학교는 심상·고등 두 단계 구분이 폐지되었으며, 보통학교는 5년에서 4년, 고등학교는 7년에서 4년으로 교육 기간이 대폭 축소되었다.

> 소학-중학-대학으로 점점 올라가야 하는 내지(일본)풍은 낭상 조선에 적용할 수 없을 뿐 아니라, 원래 대학 교육을 실시할 여지도 없었다. 그 때문에 일로개전(러일전쟁) 후 교육 개선을 실시할 때도 학교 그 자체로 완결할 수 있는 성질의 것으로 하는 것이 좋다고 하여, 이에 소학을 보통학교로, 중학을 고등학교로 고치고 수업연한을 모두 4개년으로 했으며, 대학은 일단은 두지 않고 다만 성균관의 개선에 그치는 것으로 했다.
> — 시데하라 다이라, 1918, 『조선교육론』, 육맹관, 194쪽

시데하라가 밝혔듯이 통감부가 학교 명칭을 바꾼 것은 소학교와 중학교가 단계적으로 상급학교와 연결되는 학교여선 안 되고, 각각 그 자체로 종결되어야 한다는 점을 강조하려는 것이었다.

당시 일본은 남자는 소학교-중학교-고등학교-제국대학·대학·전문학교, 여자는 소학교-고등여학교-전문학교로 이어지는 학제를 갖추고 있었다. 일본의 고등학교는 중학교 졸업생이 입학하는 학교로, 졸업하면 제국대학에 입학할 수 있기에 현재의 대학 교양학부에 해당하는 고등교육기관이었다. 즉 대한제국의 중학교를 고등학교라 개칭하고 교육 기간을 축소한 것은 조선인 교육을 초등교육 단계에만 집중하고, 중등교육의 위상을 축소하는 동시에 고등교육을 실시하지 않겠다는 의도였다.

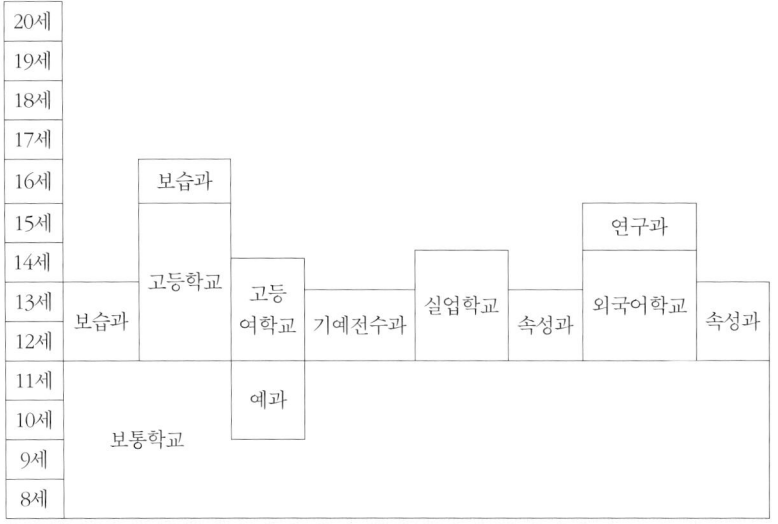

〈그림 3-1〉 1906~1910년 학교 제도

〈그림 3-1〉과 같이 1906~1910년 학교 제도는 보통학교와 보통학교 졸업생이 진학하는 학교 두 단계로만 구성되었다. 게다가 보통학교를 졸업하지 않고도 예과를 거쳐 고등여학교에 진학할 수 있고, 실업학교와 외국어학교에는 교육 기간이 짧은 속성과가 부설되었다. 초등-중등-고등의 단계성이 마련되지 않은 구성인 것이다.

일본인 교원의 침투

1906년 8월 공포된 교육 관련 법령들에 따라 모든 학교의 교육과정에 일본어가 정식 교과목으로 포함되었다. 이는 학교에 일본인 교원이 들어오는 것으로 이어졌다.

통감부는 1906년부터 '임시학사확장사업'이라는 명칭으로 관공립보통학교를 재배치하는 작업을 벌였다. 그 결과, 1906~1908년 3년간 관립 총 9개교, 공립 총 50개교가 전국에 배치되었다. 설립 또는 증설되었다고 하지 않고 배치되었다고 한 것은 50개교 중 35개교가 기존의 소학교를 보통학교로 전환한 것이기 때문이다.

통감부는 이 학교들을 「보통학교령」에 따른 학교 운영의 모범으로 삼겠다고 표방하고 인적·물적 지원을 제공했는데, 인적 지원이라는 것이 바로 일본에서 교원을 초빙하여 배치하는 것이었다. 통감부는 보통학교 교직원에 교감 직위를 새로 추가하고, 일본인 교원을 교감으로 임명했다. 일본인 교감 대부분은 강점 후 교장으로 재임용되어 초등교육 현장을 장악했다.

또한 사립학교에도 보조라는 명목으로 일본인 교원이 배치되었다. 한성사범학교에도 교직원 상당수가 일본인으로 임용되어 결국 일본인 교

〈그림 3-2〉 1910년 3월 관립정동보통학교 졸업사진
앞줄 가운데 양복 입은 자가 일본인 교감 사사야마 아키라(笹山章)이다. 사사야마는 1908년 관립정동보통학에 교감으로 부임했고, 강점 후에는 교장이 되어 1916년까지 재직했다.
– 출처: 김창구 소장

원 수가 조선인 교원보다 많아지게 되었다. 1910년 강점 당시 한성사범학교 교직원은 교장 이하 16명 중 일본인이 11명, 교장과 학감도 일본인이었고, 학교의 서무회계를 관리하는 서기도 2명 중 1명이 일본인이었다. 「고등학교령」에 따라 기존의 중학교에서 개편된 한성고등학교에도 일본인 학감이 부임했고, 1908년 교직원 12명 중 3명이던 일본인 교원은 1909년 17명 중 6명으로 증가했다. 통감부가 농상공학교를 폐지하고 신설한 농림학교에도 조선인 교원보다 일본인 교원이 더 많았다.

일본인 교원의 증가는 일본어가 교과목 중 하나일 뿐 아니라 교수 언어가 된다는 것을 의미한다. 또한 일본인 교원을 통해 학교를 장악하려는 시도이기도 했다.

4
교육구국운동의 역사적 의의

일제강점기 미국에서 교육학을 전공하고, 보성전문학교 교수로 재직했던 오천석(吳天錫)은 1904~1910년을 '사립학교의 황금시대'라고 표현했다.

> 이 기간(1904~1910)에 있어 특기할 만한 사실은 본 시기가 사립학교의 황금시대였다 함이다. 반도의 정치적 풍운이 급격히 험악하여 가고, 국운이 점차로 위기에 직면하게 된 때에 조선에는 일종의 교육적 혁명이 돌발한 감이 있었다. … 도처에 학교가 우후죽순격으로 속출하게 되고, 청년자제는 학교 문에 쇄도하여 마력을 가진 듯한 '신학문'을 구해 마지 않았다. … 1904년을 출발점으로 하여 발흥하기 시작한 교육열은 사립교육기관에 대한 간섭령이 발포되던 1908년에 이르러 그 절정에 달하였으니, 1910년 학부의 인가를 받은 사립학교의 수효만 하더라도 일반 학

교 1,402개교, 종교학교 823개교, 합 2,225개교였다. 거기에 학부 인가 없는 학교를 가산하면 1908년의 학교 총수는 실로 3,000개교를 초과하였으리라고 측정할 수 있으니, 이로써 당시의 맹렬하였던 교육열을 알 수 있는 것이다.
　- 오천석,「조선 신교육과 파란 많은 그 행로」4,『동아일보』1935. 1. 4.

오천석의 설명과 같이 을사늑약 체결 전후로 반일 감정이 고조되는 가운데, 교육을 통해 실력을 양성하고 국권을 회복하자는 교육구국운동이 활발하게 전개되었다. 1910년 학부의 인가를 받은 사립학교만 2,000개교가 넘었다고 하니, 당시 교육구국에 대한 전 민족적 열의를 확인할 수 있다.

학교 설립과 학교에서 가르치고 공부하는 활동을 교육구국운동이라고 하는 것은 그것이 민족적·애국적 열의에 기반했기 때문이다. 예를 들면, 사립학교에서는 통감부가 편찬 또는 검정한 교과서 외에 조선인이 발행한 다양한 교과서를 사용했다. 통감부는 그에 대해 다음과 같이 비난했는데, 그 내용을 통해 오히려 당시 사립학교의 교육 내용과 분위기를 짐작할 수 있다.

　근일 교과서 중에 정치적 의미를 포함한 것이 많음은 한번 보고 쉽게 알 바인즉, 우리나라 사람이 정치와 교육의 구별을 분명히 알지 못함을 가히 알 수 있는 증거이고, … 특히 수신과 국어와 한문과 역사 등 교과서에서 이러한 것을 발견하겠는즉, 이런 교과서에 드러난 정치 사항을 들어 말할진대, 대략 다음 여덟 가지로 구별된다.

1. 우리나라의 지금 형편을 절통하게 의론하는 것.
2. 과격한 문자를 쓰고, 독립을 말하여 나라의 시세 형편을 파괴하려 하는 정신을 고취하는 것.
3. 외국 일과 전례를 이용하여 본국의 시국 형편을 비평하는 것.
4. 말을 공교하게 하여 국가의 시국 쟁형(爭衡)을 비평하는 것.
5. 국가의 의론과 의무의 의론을 게재하여 불온한 언사를 쓰는 것.
6. 편협한 애국심을 말하는 것.
7. 일본과 다른 외국과 관계가 있는 역사나 사실 중에 장렬한 인물을 과장하고, 이것을 이용하여 은연중에 일본과 다른 외국에 대하여 대적하는 마음을 고취하는 것.
8. 본국에 있는 언어와 풍속과 습관을 유지하자고, 외국을 본받는 것이 불가하다고 말하여 외국을 배척하는 사상을 고취하는 것.

이상 여러 가지 정치의 사항도 예를 들어 말한즉,

1. 자주독립을 말하여 국가의 시국 정형을 파괴하기로 주장을 삼은 것.
2. 안과 밖으로 일본을 배척하는 사상을 고동하여 한일 양국의 친한 교정을 해롭게 하는 것.
3. 편협한 애국심을 토로해서 자제를 그르칠 염려가 있는 것.

－「교과서 검정의 조사(속)」,『대한매일신보』1909. 3. 14.

1909년 평안북도의 곽산공립보통학교에 교감으로 부임한 일본인 교원 스기 쓰나고로(杉崎綱五郞)는 당시 곽산군 내 사립학교에 대해 다음과 같이 회고했다.

그때 사립학교는 평안북도에만 약 356개교 있었던 것으로 기억한다. 곽산군은 겨우 7면인데 사립학교는 17개교나 있었다. 그중 야소학교가 5개교, 일반 학교가 12개교, 공립보통학교는 단 1개교뿐이었기 때문에 세력도 그다지 크지 않았다. 생도 수는 많으면 100명 내외, 적으면 20~30명 정도였다. 수업연한은 4년으로 거기에 유치과가 있는 것도 있고, 고등과 2년이 있는 것도 있고, 중학 정도의 것도 있어 다양했다. 교과과정은 … 그중에는 보통학교 정도인 학교인데도 영어를 더하고, 대수기하나 외국 지리, 외국 역사, 법정 경제 등을 더한 학교도 있었다. 교과서도 다양해서 그중에는 발매금지가 되어 있는 것을 모르고 사용하는 경우도 있었다. 생도의 작문을 보면 정치론, 경제론, 문학론, 도덕론 등 실로 어려운 논문을 쓰고 있었다. 그것이 12·13세 아동이 하는 것이니, 실로 기가 찰 따름이다. 또 토론회라는 것도 있어서 완연 제국의회 토론을 보는 것 같았다. 생도들의 언론은 정국에 관한 연설로 박수로 시작해서 박수로 마치는 모양새이다. 그것을 교사도 생도도 모두 하고, 세간에서도 상당히 효과가 있었던 것으로 생각하고 있다. 그래서 사립학교 측에서 공립보통학교 보기를 마치 애들 보듯 했다. 수준을 상당히 낮게 보았다. 그래서 보통학교 따위는 돌아보려 하지도 않았다. … 이때 사립학교에서는 연합운동회라는 것을 크게 하고 있었다. 몇 개 군의 사립학교가 한곳에 모여 큰 북을 울리며 각 교의 교기를 선두에 들고 회장으로 입장하는 것을 하나의 자랑으로 삼고 있다. 운동의 종류라고 하면 대개 병식교련인 분열식을 보는 것 같았다. 각 교 모두 마찬가지였다.

─ 스기 쓰나고로, 1924,「감개무량」,『조선』3월호

스기의 회고는 당시 곽산군의 교육구국운동 모습을 잘 보여준다. 공립학교는 단 하나뿐인데 사립학교는 17개교나 있었고, 초등·중등 수준도 다양했다. 다양한 교과서를 사용하여 여러 과목을 교육했으며, 시국토론회와 군사훈련식 연합운동회를 개최했다. '공립보통학교 보기를 마치 애들 보듯 했다. 수준을 상당히 낮게 보았다. 보통학교 따위 돌아보려 하지도 않았다'라는 말에서 교육을 통해 침략에 저항하고자 한 기개를 확인할 수 있다.

교육구국운동은 학교 차원을 넘어 의무교육과 교육 자치 구상으로 발전했다는 점에서도 중요한 의미가 있다. 예를 들면, 1906년 경상북도 관찰사 신태휴(申泰休)와 당시 대구·경북지역의 대표적인 계몽단체인 대구광문사가 연대하여 관내에 공포한 「흥학훈령」은 10통(100호)을 단위로 학교를 설립하고, 각 통에서 학교 경영, 학생 모집, 교사 채용, 교육과정과 학사 운영 등을 총괄한다는 지역 자치에 기반한 의무교육 실행계획을 담고 있었다.

또 다른 예로, 1906년 8월 대한자강회는 남녀 만 7~15세를 학령으로 하고 처음 5년을 의무교육으로 할 것, 학령아동 보호자에게 아동 취학의 의무를 부과할 것 등의 내용을 담은 「의무교육조례대요」를 정부에 건의하였다. 소학교 설립·운영 방안으로는 적당한 행정구역을 한 학구로 하고 구립 소학교를 설치할 것, 구립 소학교의 설비와 유지비는 구내 주민이 부담할 것, 구마다 20인 이내의 학무위원을 뽑아 소학교에 관한 일체 사무를 위임할 것 등을 제안하고 있다.

경상북도의 「흥학훈령」과 대한자강회의 소학교 의무교육안을 비교해보면, 통과 학구, 통장과 학무위원으로 명칭만 다를 뿐이다. 즉 일정한 구역을 설정하여 학교를 설립하고, 해당 구역의 주민들이 학교 재정을 부담하여 구역의 대표가 학교 운영을 맡는다는, 교육 자치에 기반한 의무교육 실행 구상이 조선인 사회에서 공유되고 있었다고 볼 수 있다. 통감부는 재정 부담과 교원 공급 불가능을 이유로 한국에서는 의무교육을 시행할 수 없다고 했다. 조선인들은 이에 맞서 지역 차원에서 스스로 학교를 설립·유지할 방안을 만들어 실행에 옮긴 것이다.

이러한 교육구국운동의 지향과 실천은 일제 강점 초기까지도 이어졌다. 대표적인 사례를 들면, 1920년 초 경상남도 동래에서는 당시 사립 동래고등보통학교 학감 김병규(金秉圭)를 중심으로 민립고등보통학교 설립 운동이 일어났다. 김병규는 기존의 사립 동래고등보통학교를 의연금을 모아 민립고등보통학교로 개선·확장하자고 호소했다.

> 지금 동래고등보통학교의 기본재산(답 1,200두락)을 시가로 환산하면 대략 24만 원이고, 수년 후 대부산설비계획이 확립되면 넉넉잡아도 30만 원의 가치가 있습니다(토지의 약 1/3이 대부산계획의 구역 내에 있고, 나머지도 대개 그 부근에 있습니다). 따라서 우리 경남에 민립고등학교 1개교를 창립함에 필요한 50만 원의 재력 중에 그 기본재산을 이룰 30만 원은 동래고등보통학교의 기존 자산으로 해결될 것입니다. 다만 일시적 설비비 20만 원만 경남의 인사가 출력하면 우리 경남에 온전하고도 굉장한 민립고등보통학교 1개교가 실현될 것이니, 이 어찌 힘은 적게 들이고 공은 크게 이루는 일이 아니겠습니까. … 동래고등보통학교를 확장하여 동래기영회의 사업을 현양하고자 하는 저의 음모와 야심이 아닙니다. 오로지 우리 동포의 지적 수준을 높이고, 민족의 영구적 번영을 촉진하며, 근본적 운명을 개척하

〈그림 4-1〉 1922년 사립 동래고등보통학교 제4회 졸업사진
앞줄에 앉은 교사들 중 오른쪽에서 첫 번째가 한글학자로 유명한 최현배, 두 번째가 김병규이다.
- 출처: 동래고등학교동창회, 1979, 『동래고등학교 80년사』

고자 하는 일념입니다. … 동래고등보통학교는 한 개인의 경영이 아니고 동래기영회란 단체의 경영이지만, 기영회는 동래군 일부 인사에서 지금은 경남의 모든 인사가 가입하여 지금까지 일부 단체의 소유며 경영이던 것을 앞으로 경남인 전부의 소유와 경영으로 하여 그 규모를 확대하고, 내용을 충실하게 하고자 함입니다.

— 김병규, 1920, 「교남 민립고등보통학교 창립의」

사립 동래고등보통학교의 시작은 구한말 동래 유지들이 공동으로 설립한 동명학교로, 그 뿌리도 민립학교였다. 동명학교는 1907년 삼락학교가 개양학교를 흡수·통합하여 설립된 학교인데, 김병규는 개양학교 졸업생이었다. 김병규는 민립학교에서 신교육을 받고, 민립학교의 교원으로 재직하며, 지역의 교육 운동에 참여한 대표적인 사례라고 할 수 있다.

동래 지역의 민립고등보통학교 설립 계획은 실현되지 못했다. 그러나 강점 후 관공립학교가 교육의 주도권을 장악해 가는 중에도 지역에서 기존의 민립학교를 유지하거나 직접 학교를 설립·운영하고자 했던 노력은 구한말 교육구국운동의 계승이라고 하지 않을 수 없다.

5

제1차 「조선교육령」의 본질은 무엇일까?

시세와 민도에 적합한 실업교육?

조선총독부는 1911년 8월 23일 칙령으로 「조선교육령」을 공포하였다. 「조선교육령」은 조선총독부가 식민지 조선에 대한 교육 방침과 정책을 밝히고자 제정한 것으로, 그에 따라 각급 학교의 설치와 폐지, 입학과 퇴학, 졸업, 교칙과 교육과정, 교과서, 수업 등을 상세하게 규정한 학교 규칙을 제정하였다. 따라서 「조선교육령」은 일제강점기 교육을 규정하는 기본적인 요인이라고 할 수 있다. 1911년 처음 공포된 이후 1922년 2월, 1938년 3월, 1943년 3월 세 차례 개정되었으므로, 각각 1~4차 「조선교육령」이라고 칭하기도 한다.

제1차 「조선교육령」은 크게 조선인 교육의 근본 방침을 밝힌 강령과 학교 제도에 관한 규정으로 구성되는데, 근본 방침에 해당하는 조항은 다음과 같다.

제1조 조선에서 조선인의 교육은 본령에 따른다.
제2조 교육은 교육에 관한 칙어의 취지에 바탕을 두어 충량한 국민을 육성하는 것을 본의로 한다.
제3조 교육은 시세와 민도에 적합하게 한다.

제1조는 조선 거주 일본인은 「조선교육령」의 적용을 받지 않는다는 의미다. 강점 이전부터 조선인과 일본인이 다니는 학교는 전혀 별개로 설립·운영되고 있었는데, 이를 확인하는 조항이다.

제2조의 교육에 관한 칙어는 1899년 메이지 천황이 공포한 이른바 교육칙어를 가리킨다. 교육칙어는 대대손손 천황에게 충효를 다하는 것이 국체의 정화이자 교육의 연원이니 각종 윤리를 지키고 실력을 쌓고 국법을 준수하여 천황에게 헌신하라 운운하는 것으로 일본 천황제 교육의 상징이었다. 조선인 교육을 교육칙어의 취지를 바탕으로 한다는 것은 동화교육을 표방한 것이다.

그런데 제3조는 제2조와 반대로 시세와 민도라고 해서 오히려 조선의 특수성을 강조한다. 일본과 다른 교육, 즉 차별 교육을 정당화하는 것이다.

「조선교육령」 공포 직후 조선 총독은 조선인 교육은 신민다운 덕성의 함양과 일본어 습득에 주력하라는 훈시를 발표했다.

'신민다운 덕성'이란 무엇일까?

다음은 전원 일본인인 공립보통학교 교장을 대상으로 한 1912년 강습회에서 한 조선총독부 내무부장의 훈시와 1913년 각 도 내무부장에게 보내는 조선 총독의 훈시다.

조선인 교육의 목적은 일본인 교육과 다를 바 없이 교육칙어의 취지에 따라 충량한 국민을 육성하는 데 있다. … 교육의 방침과 목적은 교육칙어에 명시되어 있으니, 고심 노력할 문제는 이 분명한 목적을 달성하려면 어떠한 사려가 필요한가에 있다.

1. 시세민도를 고려하라. 악정에 시달리던 조선 인민을 병합한 지 1년, 교육령 실시 이래 아직 반년도 못 되는 오늘, 곧 일본과 같다는 생각으로 한국의 자제를 교육하려는 것은 실제에 있어서는 아직도 먼일이다.…
2. 보통학교는 교육의 중심, 즉 교화의 중심이다. 공립보통학교의 경영은 총독부가 가장 중시하는 바이니, 일본말을 잘하고, 성실·근면하며, 노역을 싫어하지 않는 충량한 신민을 양성하기 바란다.

- 『조선총독부관보』 1912. 5. 18.

금일의 조선에서는 고상한 학문은 아직 서둘러야 할 정도로 나아가지 못했기 때문에 … 보통학교 교육에서도 실업상의 지식을 주입할 필요가 있다. 농업학교와 같은 실업학교는 정부에서 가장 중요한 방침으로 요구되고 있다.

- 다카하시 하마키치(高橋濱吉), 1930, 『조선교육사고』,
경성: 제국지방행정학회조선본부, 365쪽

위의 두 발언은 조선총독부가 추구했던 조선 교육의 목적이란 조선인에게 일본어 능력을 갖추게 하고, 순종적이며, 근면·성실하게 노동에 종사하는 '신민'으로 만드는 것이었고, 따라서 교육의 중점을 일본어 교육과 실업교육에 두었다는 것을 명확하게 보여준다.

학교 제도의 식민지성

제1차 「조선교육령」이 규정한 학교 제도는 〈그림 5-1〉과 같다.

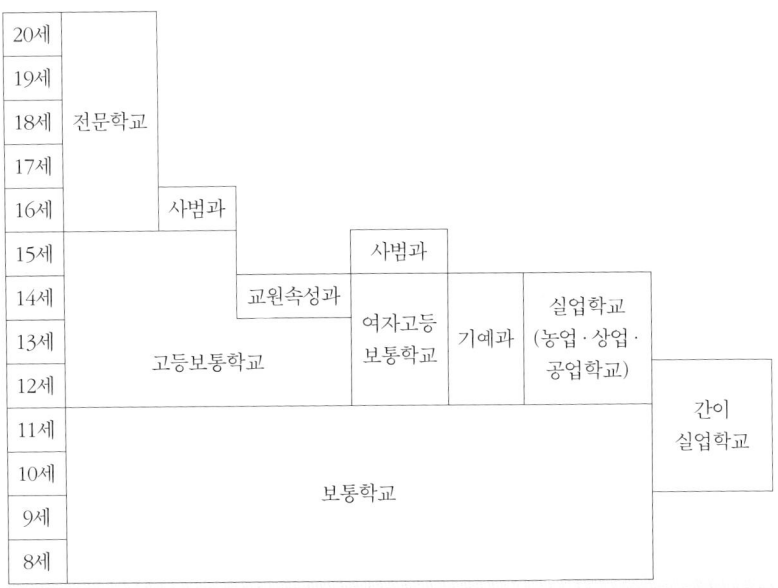

〈그림 5-1〉 제1차 「조선교육령」기(1911~1922)의 학교 제도

〈그림 5-1〉에서 보통학교는 초등, 고등보통학교(이하 고보)·여자고등보통학교(이하 여고보), 실업학교는 중등, 전문학교는 고등교육기관이다. 통감부 설치 후 1906~1910년 학교 제도(〈그림 3-1〉)와 비교해 보면, 초등·중등·고등 교육을 실시하는 각급 학교의 단계적 연결이 마련되었음을 알 수 있다.

그러나 보통학교와 고보, 여고보의 교육 기간은 일본의 해당 학교보다 여전히 짧았다. 일본인 학교와 횡적으로 연결되는 것을 막으려 한 것이다. 따라서 보통학교, 고보·여고보 졸업생이 일본의 상급학교에 유학하려면 별도의 학력 인정 시험을 거쳐야 했다.

또한 초등-중등-고등 3단계 학교 제도에 맞지 않는 과정이 여전히 존재했다. 예를 들면, 교원속성과는 고보를 졸업하지 않고 2년 수료만으로 진학할 수 있었다. 기예과는 여고보에 부설하는 재봉·수예 교육과정으로 12세 이상이면 보통학교 졸업장이 없어도 입학할 수 있었다. 간이 실업학교는 아예 입학 자격이나 수업연한, 교육과정 등에 관한 규정도 없이 지역 상황에 따라 적절히 운영하도록 한 학교였다. 교원속성과, 기예과, 간이 실업학교 등은 모두 중등학교 졸업 학력이 인정되지 않았다. 사범학교를 폐지한 대신 운영한 사범과도 고보·여고보 졸업 후 입학하는 과정이긴 했지만 고등교육에 해당하는 것은 아니었다. 즉, 학교 제도의 비체계성은 여전하였다.

고등교육의 경우, 일본에는 고등교육기관으로 전문학교 외에 중등교원을 양성하는 고등사범학교, 고등학교, 대학 등이 있었지만 「조선교육령」에서는 전문학교만 설정하였다. 이화학당 대학과, 숭실학당 대학부 등 선교계 사립학교에서 실시하고 있던 대학 교육에 대해서는 폐지를 강제하진 않았지만 고등교육 이수 자격을 인정하지도 않았다.

마지막으로, 여고보의 교육 기간을 고보보다 1년 짧게 하여 남녀 차별적인 학교 제도를 만들었다는 점도 지적하지 않을 수 없다.

6

그 많던 사립학교는 다 어떻게 되었을까?

통감부의 사립학교 통제

우리나라에서 근대 교육이 시작된 이래 사립학교는 신교육을 보급하고, 교육 기회를 확대하는 데 중요한 역할을 해왔다. 또한 교육과정을 통해 민족의식과 애국심을 고취하고, 학생들로 하여금 통치 질서에 항거하는 의식과 실행력을 갖게 하는 데에도 기여했다. 따라서 조선총독부로서는 사립학교를 통제하지 않을 수 없었다. 사립학교에 대한 통제는 강점 이전부터 시작되었다. 통감부가 1908년 공포한 「사립학교령」의 주요 내용은 다음과 같다.

- 사립학교 설립 시 학부대신의 인가를 받을 것.
- 학교의 목적, 명칭, 위치, 학칙, 교지·교사의 평면도, 1개년 수지 예산, 유지 방법, 설립자·학교장·교원 이력서, 교과용 도서명을 갖추

- 어 인가를 신청할 것.
- 사립학교 교명 앞에 '사립'을 적을 것.
- 교과용 도서는 학부 편찬 또는 학부 검정 도서를 사용할 것. 이외의 도서를 사용하려면 학부대신의 인가를 받을 것.
- 금고 이상의 형에 처했던 자, 징계 면관 후 2년이 지나지 않은 자, 교원 면허장 환수 처분 후 2년이 지나지 않은 자, 성행 불량으로 인정된 자는 사립학교 교원이 될 수 없음.
- 법령 규정에 위배될 때, 안녕질서를 교란하거나 풍속을 어지럽힐 우려가 있을 때, 6개월 이상 규정된 수업을 하지 않을 때, 학부대신의 변경 명령에 위배될 때 학부대신이 학교 폐쇄를 명할 수 있음.

사립학교 설립을 허가제로 하고 규정을 지키지 않거나 학부의 시정 명령을 따르지 않으면 학교 폐쇄를 명할 수 있도록 한 것이다. 교명 앞에 '사립'이란 글자를 병기한 것은 통감부가 주도하는 관공립학교와 사립학교를 구별하려는 의도였다. 교과용 도서를 학부 편찬 또는 검정·인가 도서로 제한한 것은 교육 내용의 통제를 의미한다. 통감부는 「사립학교령」과 같이 교과용 도서 검정 규정을 공포했는데, 핵심은 규정을 위반했거나 변경 명령을 따르지 않으면 검정을 취소할 수 있다는 것이었다.

또한 1909년 공포된 출판법도 교육 내용 통제를 뒷받침했다. 출판법은 모든 도서 출판 시 내부대신의 허가를 받도록 하고, 이를 어기면 해당 출판물의 발매·반포 금지, 압수는 물론 저작자, 발행자, 인쇄자 모두 처벌(3년 이하 징역)하도록 규정한 것이다. 더욱이 출판법 시행 전에 출판된 도서도 적용 대상이었다.

통감부는 다른 한편으로 사립학교의 재정을 압박하여 존립을 위태롭게 만들었다. 1909년 제정된 기부금품 모집 취체 규칙은 기부금품 모집을 허가제로 하고, 필요한 경우 언제든 모집 정지·제한·금지·변경을 명령할 수 있으며, 경찰관이 관련 장부나 서류를 검열할 수 있다고 규정하였다. 따라서 주로 지역민의 의연금에 학교 재정을 의존해 온 사립학교들은 큰 타격을 받게 되었다. 기부금품 모집 통제는 많은 사립학교가 폐교된 결정적인 원인이었고, 국권 피탈 후에도 사립학교를 탄압하는 주요 수단으로 이용되었다. 또한 지방관의 지방세 징수와 운영 권한을 통제하여 종래 지방관이 재량으로 지역에서 사립학교 재정을 지원하던 것을 불가능하게 만들었다.

기로에 선 사립학교

강점 직후 「조선교육령」과 그 시행령에 해당하는 각 학교 규칙이 공포되고, 초등(보통학교)-중등(고보·여고보·실업학교)-고등(전문학교)의 학교 제도가 규정됨에 따라 사립학교는 규정된 학제상의 특정 단계 학교로서 인가를 받아야 했다. 그렇지 않으면 학제상의 학교 명칭을 사용할 수 없었기 때문에 이른바 각종학교로 분류되었고, 졸업해도 학력을 인정받을 수 없었다. 인가를 받으려면 학교의 명칭과 위치, 교지와 교사의 평면도, 학칙, 1년 수지 예산과 학교 유지 방법 등을 갖추어야 했다. 가장 중요한 요건은 안정적이고 지속적인 재원 마련이었고, 일본인 교원이 최소 1명은 있어야 한다는 암묵적 조건이 있었다. 사립학교들은 조선총독부가 요구하는 조건을 갖추어 인가를 받고 공식적인 학교 제도 안으로 들어갈 것인지, 제도 밖 각종학교로 남을 것인지, 관공립학교와 통폐합하여 사라질 것인지 기로에 서게 되었다.

조선총독부는 사립학교의 관공립화 정책을 적극적으로 추진했다. 초등 수준의 학교인 경우 인근 공립보통학교와 통폐합하거나 공립으로 전환하는 것이다. 특히 강점 초기 공립보통학교 증설은 주로 사립학교를 공립으로 전환하여 인가하는 방식으로 이루어졌다. 조선총독부는 1911~1915년 공립보통학교를 300개교 이상 증설했다고 자랑했는데, 1912년 107개교 증설 중 89개교, 1913년 22개교 중 14개교 이상, 1914년 17개교 중 12개교 이상, 1915년 28개교 중 18개교가 기존의 사립학교를 공립으로 전환하여 인가한 학교였다. 중등학교도 1910년대 설립된 관립 고보는 경성·평양·대구·함흥·전주 5개교뿐이었는데, 이중 경성·평양 고보는 대한제국기에 설립된 관립학교를 개편한 것이고, 대구·함흥 고보는 사립에서 관립으로 전환한 것이었다. 사립학교가 공립학교로 전환되거나 통합되면 학교 재산은 공립학교에 이관되었다. 따라서 지역 공유재산이나 지역민의 공동 분담금을 재원으로 삼은 공립형 민립학교의 경우, 조선총독부에 의한 재산 강탈이나 다름없었다.

인가를 받지 못한 사립학교는 관공립학교에 통합되어 사라지거나, 운영난에 부딪혀 폐교되거나, 각종학교라는 명칭으로 제도 밖 비정규 학교가 되었다. 〈표 6-1〉과 같이 사립 각종학교는 감소 추세에 있었지만 일제강점기 내내 존속했다.

조선총독부는 초등교육에 대해서도 의무교육을 시행하지 않았다. 돈이 없으면 말 그대로 학교 문턱에도 갈 수 없던 시절, 사립 각종학교는 많은 조선인에게 교육 기회를 제공하며 교육기관으로서 존재 가치를 잃지 않았다.

<표 6-1> 일제강점기 사립 각종학교 현황

연도	학교 수(교) 초등 수준 일반계	학교 수(교) 초등 수준 종교계	계	연도	학교 수(교) 초등 수준 일반계	학교 수(교) 초등 수준 종교계	중학교 수준	계
1911	901	566	1467	1928	317	216		533
1912	823	494	1317	1929	294	214		508
1913	800	477	1277	1930	278	211		489
1914	745	462	1207	1931	261	200		461
1915	660	422	1082	1932	252	194		446
1916	583	386	969	1933	233	180	44	457
1917	497	325	822	1934	217	171	42	430
1918	463	312	775	1935	201	166	45	412
1919	430	260	690	1936	188	161	45	394
1920	378	275	653	1937	184	163	46	393
1921	347	270	617	1938	174	144	39	357
1922	377	276	653	1939	161	131	43	335
1923	367	270	637	1940	137	120	43	300
1924	364	264	628	1941	120	116	48	284
1925	338	245	583	1942	216		36	252
1926	342	231	573	1943	226		38	264
1927	327	223	550					

출처: 『조선제학교일람』 각 연도판
비고: 초등 수준과 중등 수준 구분 수치는 1933년도부터 확인됨.

7
제2차 「조선교육령」의 본질은 무엇일까?

'내지연장주의'에 따른 학교 제도의 변화

조선총독부는 3·1운동 후 이른바 내지연장주의로 통치 방향을 변경하였다. 내지연장주의란 행정, 사법, 군사, 경제, 재정, 교육 등 여러 방면에서 일본과 동일한 제도를 시행한다는 통치 방침으로, '일본준거주의'라고도 한다. 교육 부문에서도 내지연장주의에 따라 「조선교육령」이 개정되어, 1922년 2월 4일 제2차 「조선교육령」이 공포되었다.

제2차 「조선교육령」은 내지연장주의 방침에 따라 제1차 「조선교육령」의 2조 '교육은 교육칙어의 취지에 바탕을 두어 충량한 국민을 육성하는 것을 본의로 한다.'와 3조 '교육은 시세와 민도에 적합하게 한다.' 두 조항을 삭제하였다. 또한 1조 '조선에서 조선인의 교육은 본령에 따른다.'를 '조선에서 교육은 본령에 따른다.'로 수정하였다. 조선에서 조선인과 일본인 교육을 구별하지 않겠다는 의미다.

학교 제도에서도 중요한 변화가 있었다. 〈그림 7-1〉은 제2차 「조선교육령」이 규정한 학교 제도를 정리한 것이다.

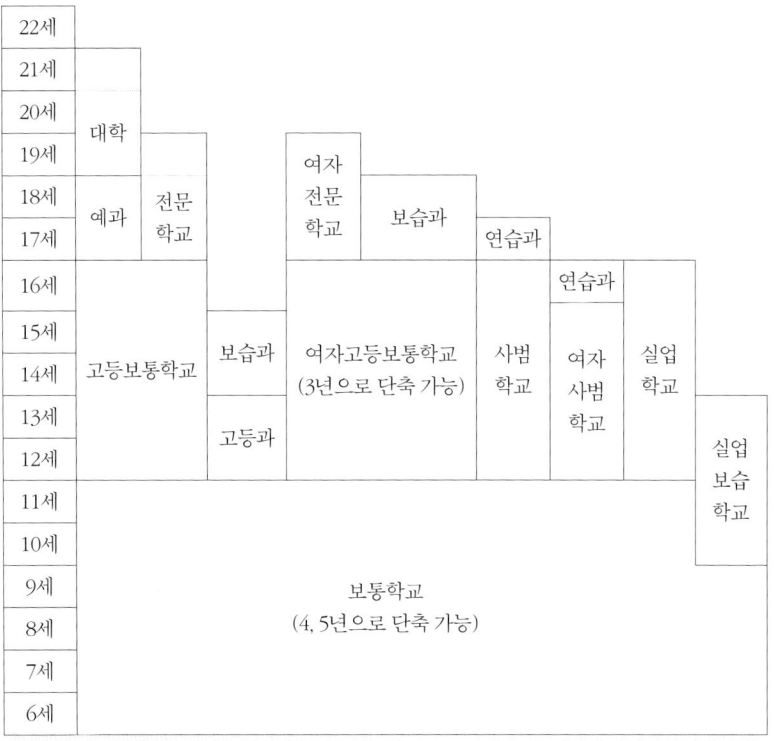

〈그림 7-1〉 제2차 「조선교육령」기(1922~1938)의 학교 제도

〈그림 7-1〉에서 보듯이, 제1차 「조선교육령」의 경우와 비교하여 제2차 「조선교육령」에 따른 학교 제도의 가장 큰 특징은 수업연한 연장이다. 보통학교는 4년에서 6년, 고보는 4년에서 5년, 여고보는 3년에서 4~5년, 실업학교는 3년에서 3년 또는 5년으로 연장되었다. 5년제 실업

학교 졸업자는 고보 졸업과 동등한 학력을 인정받을 수 있었다. 이에 따라 조선의 학교 졸업 학력으로 일본 상급학교 진학이 가능하게 되었고, 전문학교도 일본의 전문학교 졸업과 동등한 학력과 자격을 인정받게 되었다.

수업연한이 연장되면서 교육과정에도 변화가 있었다. 보통학교는 조선어 및 한문 과목이 조선어로 바뀌었고, 일본 역사와 지리 두 과목이 신설되었다. 일본의 소학교 교과목에 역사, 지리가 포함되어 있기 때문에 그에 맞춰 교과목을 조정한 것이다. 고보와 여고보에서도 실업 관련 과목이 필수에서 선택으로 전환되고, 외국어가 필수과목으로 신설되었다. 실업학교 교육과정에는 보통 과목 비중이 증가하였다.

제1차 「조선교육령」에서는 없었던 사범학교와 대학이 학교 제도에 포함된 것도 중요한 변화다. 조선총독부는 교원 양성을 통제하기 위해 사범학교는 관공립으로만 설립할 수 있도록 했다. 이에 따라 서울에는 관립으로 경성사범학교가, 각 도에는 1교씩 공립사범학교가 설립되었다. 대학은 1924년 서울에서 관립 경성제국대학이 개교했고, 조선인의 민립대학 설립 시도가 있었지만 결국 좌절되었다.

'내지연장주의'에도 변하지 않은 것

5장에서 제1차 「조선교육령」에 따른 학교 제도가 각 학교의 수업연한이 일본의 해당 학교보다 짧다는 점, 초등-중등-고등 3단계 학교 제도에 맞지 않는 과정이 존재했다는 점, 고등교육을 소홀히 했다는 점, 남녀 차별적이었다는 점을 확인한 바 있다. 제2차 「조선교육령」에서는 이러한 문제점이 충분히 해소되었을까?

첫째, 수업연한은 일본과 동일하게 연장되었지만, 상황에 따라 보통학교는 5년 또는 4년, 여고보와 실업학교는 3년으로 단축할 수 있다는 단서 조항이 있었다. 「조선교육령」에 규정된 것보다 수업연한이 짧은 학교는 졸업을 해도 학력을 인정받을 수 없었다. 또한 사범학교도 보통과 4년-연습과 1년 과정이 원칙이었지만, 역시 특별한 사정이 있는 경우에는 수업연한 2~3년의 특과, 1년에 불과한 강습과를 둘 수 있도록 하였다.

둘째, 실업보습학교, 보통학교와 여고보의 보습과, 사범학교 강습과 등 초등·중등·고등 어느 단계에도 해당되지 않는 과정이 여전히 존재했다. 예를 들면, 고보·여고보 졸업이 아니라 2년 수료 정도의 학력을 입학 조건으로 하는 사범학교 특과와 강습과 졸업생은 중등학교 졸업 학력을 인정받지 못했다.

셋째, 고등교육기관으로 대학이 추가되었을 뿐 일본의 고등학교·고등사범학교는 조선의 학교 제도에 포함되지 않았다. 일본에는 고등사범학교가 남녀 각각 2개교가 있었고, 1918년 「대학령」 공포에 따라 게이오, 와세다 등 유수의 사립 전문학교들이 대학으로 승격했다. 그러나 조선총독부는 끝내 고등사범학교와 사립대학 설립을 허락하지 않았다.

넷째, 여고보와 달리 고보에 대해서는 수업연한 단축 규정을 두지 않았다. 또한 사범학교는 남녀 분리 교육이 원칙이었는데, 여학생에게는 1년 과정의 연습과, 강습과만 허용되었다. 1930년대 중반에야 여자사범학교가 설립되었다.

이처럼 학교 제도의 민족 차별적, 여성 차별적 측면은 여전하였다. 사실 식민 지배 권력에게 차별 해소를 기대하는 것은 어불성설이 아닐까? 내지 연장주의 교육 방침도 10년이 채 못되어 1920년대 말 수정되게 된다.

8
돈이 없어서, 돈이 있어도 다니기 힘든 초등학교

공포의 '월사금'

구한말 민립학교 설립이 한창일 때 통감부는 공립보통학교 입학을 장려하기 위해 수업료를 걷지 않았다. 강점 초기만 해도 조선인은 공립보통학교 취학을 기피했기 때문에 수업료 징수는 커녕 학교에서 교과서, 학용품, 점심밥, 의약품 등을 무료로 제공해도 입학생을 모집하기 힘든 형편이었다.

그러나 1910년대 중반이 되면 수업료 징수가 일반화된다. 1920년대 보통학교 수업료는 규정상 월 1원(100전) 이내로, 대개 월 60~80전이었다. 수업료는 '월사금'이라는 표현에서 알 수 있듯이 매달 현금으로 내야 했다. 학교에 다니려면 수업료 외에도 교과서비, 입학비, 학교 후원회비 등도 내야 했고, 통학비, 학용품비 등도 필요했다. 대부분의 조선인 가정에 아동 1인당 현금으로 수업료 포함 연간 10~15원의 교육비는 너무나 큰 부담이었다. 1920년대 내내 소농과 소작농의 1년 가계는 거의 적자 상태를 면하기 어려웠고, 1924년 당시 경성 거주민의 월 최저 소득이 12.2원이었다고 하니, 하층민의 자녀가 보통학교에 취학하기는 어려운 일이었다. 1920년대 중반 이후에는 경제 불황으로 수업료를 부담하기 어려워 중도 퇴학하는 경우도 크게 증가했다. 〈그림 8-1〉에서 1924년 이후 취학률 상승이 둔화된 것은 이 때문이다. 게다가 보통학교에는 행정 직원을 따로 두지 않았기 때문에 담임 교원이 수업료를 직접 걷었는데, 그 과정에서 교원이 수업료 체납 학생을 체벌하거나 등교를 막는 일도 자주 벌어졌다.

> 청주군 부강공립보통학교 5학년 담임선생 박성석은 지난 5일에 자기 학급 생도 중 당일까지 가져오란 월사금을 안 가져온 생도 30여 명을 교수 중에 내쫓은 일이 있어 … 이런 잔혹한 선생 앞에서 배우려는 생도의 가엾은 정경을 때때로 목도하는 일반 학부형의 비난이 극도로 높다더라.
> - 「가혹한 부강공보」, 『동아일보』 1925. 5. 31.

> 경흥군 서면공립보통학교 2학년 담임 훈도 박모는 … 이달 10일경에는 수업료를 납부하지 않는다고 10여 명 아동을 무수히 구타하였다는데 … 학부형들은 이러한 박 훈도의 폭행에 대하여 비난이 많을 뿐 아니라 그러한 선생에게 자녀를 보낼 수 없으니 퇴학이라도 시키겠다는 학부형까지 있다더라.
> - 「구타상습의 서면교 박 훈도」, 『조선일보』 1926. 3. 28.

위의 사례와 같이 수업료를 내지 못한 학생이 교실에서 쫓겨나거나, 구타를 당하거나, 심지어 보호자까지 폭행을 당하거나 가산을 압류당하는 등 불상사가 전국적으로 무수히 일어났다. 이러한 상황이 계속되자 1930년 전후로 수업료를 인하하거나 폐지하라는 운동이 일어나기도 했다. 결국 조선총독부는 1934년부터 국고보조금을 지급하여 수업료를 학생 1명당 평균 월 20전씩 인하하는 정책을 시행했다.

그러나 이때 수업료 인하는 1~4학년에만 적용하고, 5·6학년은 학교에서 재량껏 농사를 짓거나 양계, 양돈, 양잠, 가마니 짜기, 짚신 삼기 등을 해서 그 생산물을 판매한 수익으로 수업료를 충당하게 하였다. 이 때문에 학생과 교원 모두 학과 공부보다 농업 노동을 해야 하는 상황이 벌어지게 된다.

'세계에 없고 도리에 위반되는 일'-초등학교 입학시험

1920년 4월 10일 자 『동아일보』 기사 「조선총독부 예산을 논함」은 조선총독부의 예산 편성이 경찰행정에만 주력하고 교육에는 소홀하니, 학교가 부족하여 아동이 보통학교 입학시험을 치러야 하는 현실을 '세계에 없음은 물론이요, 또 인도에 심히 위반되는 일'이라고 개탄했다. 즉, 수업료를 부담할 형편이 된다고 해서 보통학교 취학이 보장된 것이 아니었다. 학교가 부족했기 때문이다.

3·1운동 직후 당장에 독립이 어려우니 교육으로 실력을 양성하자는 사회적 분위기와 함께 학교교육을 통해 새로운 삶의 기회를 찾으려는 욕구도 작용하여, 〈그림 8-1〉과 같이 보통학교 취학률이 급격히 상승하였다. 그러나 학교는 이를 모두 수용하기 어려운 형편이라 보통학교

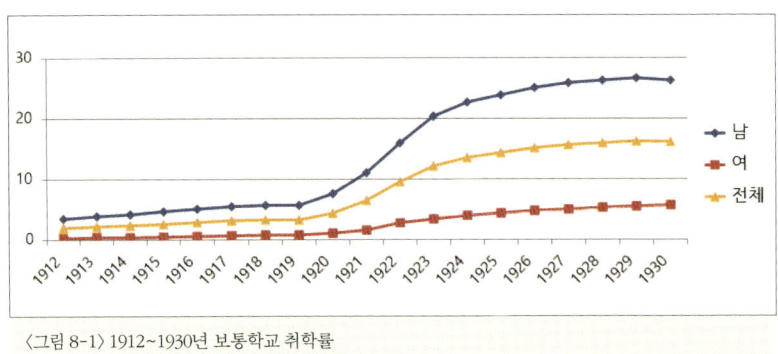

〈그림 8-1〉 1912~1930년 보통학교 취학률

입학난이 심각한 문제가 되었다.

예를 들어 1922년 상황을 살펴보면 충청북도 청주공립보통학교의 경우, 200명 모집에 지원자는 700명 이상이었고, 부산·부산진 공립보통학교에는 입학 정원 150명에 각각 800명, 500명이 지원했다. 황해도 안악·해주 공립보통학교에도 150여 명을 뽑는데 500~600여 명이 지원했고, 전라남도 진도공립보통학교도 70명 모집을 예정했는데, 지원자는 370명이었다. 함경남도 신창공립보통학교는 남자 입학생 정원이 35명에 불과한데 250여 명이 지원했다. 경상남도 김해공립보통학교, 전라남도 목포공립보통학교는 더욱 심하여 입학 정원 각각 120명, 160명에 지원자가 1,000명이 넘었다.

지난 23일은 시내에 흩어져 있는 18개 공립보통학교에서 일제히 입학 지원 아동들의 고사 시험을 보는 날이다. 이날 18개의 시내 각 공립보통학교에는 이른 아침부터 귀여운 아가씨와 도련님들이 각각 오빠와 아버지의 손에 이끌리어 마치 도살장에 들어가는 어린 양과도 같이 어린 가

〈그림 8-2〉 1929년 경성부 내 한 공립보통학교에서 교원 앞에서 입학시험을 치르고 있는 여자 아동과 학교 운동장에 줄지어 서서 입학시험 차례를 기다리는 아동들과 부모들

- 출처: 『조선일보』 1929. 3. 24.

슴을 두근거리면서 시험 치를 시간을 기다리고 있었다. 오전 10시가 되자 각 공립보통학교의 당국자들은 일제히 고사를 개시하여 우선 그 아동의 가정 형편을 물은 다음, 간단한 암산과 한글 같은 것을 묻기도 하였는데, 고사하는 선생 앞에 기운을 못펴고 선 어린 아동들의 야지러진 정상은 아직 의무교육이 실시되지 않은 조선에서만 독특히 볼 수 있는, 세상에도 처참한 정경의 하나이었다. … 18개 공립보통학교에서 금년에 모집하는 학생 수는 남지 1,670명, 여자 982명 합 2,652명인데, 입학 지원 아동은 남자 2,926명, 여자 1,761명 합 4,608명으로 어제의 고사 결과로 입학 지원 아동 중에서 2,029명의 아동이 입학을 하지 못하고 비분의 눈물을 흘리게 될 것인바 … 보통학교에서 일제히 전개된 시험지옥에는 어린 자녀를 시험장에 들여보내고 마음을 졸이고 있는 남녀 학부형들의 불안한 표정은 한층 처참하게 보이었더라.

- 「어린이의 수난일」, 『조선일보』 1929. 3. 24.

학교에서는 입학생 선발에 학과시험, 구술시험, 신체검사, 가정환경 조사, 제비뽑기 등 여러 가지 방법을 동원했다. 가정 형편을 묻는 것은 학비를 부담할 능력이 있는지를 확인하는 것으로 입학 기회가 사회경제적 조건에 따라 불평등하게 분배되었음을 시사한다.

1918년 말에 조선총독부는 1919년부터 8년 동안 매년 각 도에 보통학교를 신설하여 당시 6면 1교였던 보통학교 비율을 3면 1교 비율로 한다는 이른바 3면 1교 계획을 수립했다. 3·1운동 후 조선총독부는 3면 1교 계획을 1922년으로 앞당겨 완료했지만, 3면 1교로도 학교는 여전히 부족했다. 당시 한 학급의 수용 인원이 대략 60~65명이었는데, 1923년 공립보통학교 학급 수가 4,786개, 추정 학령인구가 2,512,355명이었으므로, 한 학급당 최소 60명을 수용하면 추정 학령인구의 11.4%, 최대 65명을 수용하더라도 12.4%밖에 취학할 수 없다. 1929년에도 학급 수는 추정 학령인구의 최대 19.3%를 수용하는 데 불과했다.

그럼에도 조선총독부는 보통학교 입학난은 제2차 「조선교육령」에서 입학 연령을 8세에서 6세로 낮추었기 때문에 발생한 일시적 현상이라고 주장하며, 3면당 1교 이상의 학교 증설을 억제하였다. 따라서 보통학교 입학난은 1930년대까지도 해소되지 못했다.

9

열기도, 들어가기도 어려운 문·일반계 중등학교

일반계 중등학교는 졸업 후 취직을 목표로 하는 실업학교와 달리, 고등교육기관으로 연결되는 보통교육을 실시한다. 조선총독부는 이른바 우민화 교육 방침에 따라 일반계 중등교육 보급에 매우 소극적이었다.

일제강점기 고보와 여고보 수는 공사립학교 총 48개교로, 1937년 당시 6년제 공립보통학교 1,414개교의 3.4%에 불과했다.

〈표 9-1〉 고등보통학교 분포 상황

지역	설립 구분	학교명	개교 또는 인가 연월
경기도	공립	경성제일고등보통학교	1911년 11월
		경성제이고등보통학교	1921년 5월
	사립	양정고등보통학교	1913년 10월
		배재고등보통학교	1916년 4월

지역	설립 구분	학교명	개교 또는 인가 연월
경기도	사립	보성고등보통학교	1917년 7월
		휘문고등보통학교	1918년 4월
		중앙고등보통학교	1921년 4월
		송도고등보통학교	1917년 4월
충청북도	공립	청주고등보통학교	1924년 5월
충청남도	공립	공주고등보통학교	1922년 4월
전라북도	공립	전주고등보통학교	1919년 6월
	사립	고창고등보통학교	1920년 4월
전라남도	공립	광주고등보통학교	1920년 5월
경상북도	공립	대구고등보통학교	1916년 5월
	사립	김천고등보통학교	1931년 5월
경상남도	공립	동래고등보통학교	1922년 4월
		진주고등보통학교	1925년 4월
황해도	공립	해주고등보통학교	1922년 4월
평안북도	공립	신의주고등보통학교	1921년 5월
	사립	오산고등보통학교	1926년 4월
평안남도	공립	평양고등보통학교	1911년 11월
		안주고등보통학교	1936년 4월
	사립	광성고등보통학교	1918년 4월
강원도	공립	춘천고등보통학교	1924년 4월
함경북도	공립	경성고등보통학교	1922년 4월
함경남도	공립	함흥고등보통학교	1918년 4월
	사립	영생고등보통학교	1917년 4월
계		27개교(공립 16개교, 사립 11개교)	

비고: 고등보통학교는 1925년 관립에서 공립으로 일괄 전환되었음.

〈표 9-2〉 여자고등보통학교 분포 상황

지역	설립 구분	학교명	개교 또는 인가 연월
경기도	공립	경성여자고등보통학교	1908년 4월
	사립	숙명여자고등보통학교	1908년 12월
		진명여자고등보통학교	1912년 4월
		이화여자고등보통학교	1918년 11월
		배화여자고등보통학교	1925년 4월
		동덕여자고등보통학교	1926년 4월
		호수돈여자고등보통학교	1918년 4월
충청남도	공립	대전여자고등보통학교	1936년 5월
전라북도	공립	전주여자고등보통학교	1926년 5월
전라남도	공립	광주여자고등보통학교	1927년 5월
경상북도	공립	대구여자고등보통학교	1926년 4월
경상남도	공립	부산여자고등보통학교	1927년 5월
	사립	일신여자고등보통학교	1925년 4월
황해도	공립	해주여자고등보통학교	1932년 4월
평안북도	공립	신의주여자고등보통학교	1936년 4월
평안남도	공립	평양여자고등보통학교	1914년 5월
	사립	정의여자고등보통학교	1920년 5월
함경북도	공립	나남여자고등보통학교	1935년 4월
함경남도	공립	함흥여자고등보통학교	1935년 5월
	사립	누씨여자고등보통학교	1925년 6월
		영생여자고등보통학교	1929년 10월
계	21개교(공립 11개교, 사립 10개교)		

비고: 여자고등보통학교는 1925년 관립에서 공립으로 일괄 전환되었음.

조선총독부는 제2차 「조선교육령」 공포를 앞두고 예산이 허락하는 범위에서 차차 1도에 고보 1개교를 설치하겠다고 발표했는데, 실제로 공립고보는 경상남도와 평안북도를 제외한 모든 도에서 1개교에 그쳤다. 여학교의 경우, 1930년대 후반까지도 5개 도에는 공립학교가 없었고, 결국 강원도와 충청남도에는 설립되지 않았다. 따라서 일반계 중등교육은 사립학교에 대한 의존도가 높았다. 그런데 〈표 9-1〉과 〈표 9-2〉에서 보듯이 사립학교는 서울에 집중되어 있었다. 따라서 서울 외 지역 학생들은 경제적 부담이 가중되니 서울 거주 학생보다 진학 기회를 얻는 데 불리하게 된다. 여학생은 경제적 요인에 더하여 여성의 타 지역 유학에 부정적인 젠더 이데올로기의 영향을 받으므로 더욱 불리하다.

3·1운동 후 교육열이 고조되면서 전국 각지에서 고보 설립 운동이 전개되었지만 거의 성공하지 못했다. 조선총독부는 학교 설립 운동 자체를 불온시하고, 학교의 확대를 억제하는 정책을 고수했다. 결국 조선인의 고보·여고보 취학률은 1930년대 후반까지도 겨우 1% 전후에 머물렀다. 1938년까지 남자 아동의 보통학교 취학률도 50%가 채 되지 못했고, 보통학교 졸업생의 고보 진학률이 5% 전후, 1937년에도 4%에 불과했다는 점을 고려해 보면 일제강점기에 일반계 중등학교 학생이 얼마나 희소한 존재였는지 짐작할 수 있을 것이다.

반면, 조선총독부는 조선에 거주하는 일본인을 위한 중학교·고등여학교 설립에는 매우 적극적이었다. 1937년까지 공립중학교는 16개교, 공립고등여학교는 29개교나 설립되었다. 남자 중학교보다 고등여학교가 많은 것은 재조선 일본인 사회도 아들은 조선에서 소학교를 졸업한 뒤 일본의 중학교로 보내는 경우가 많았지만, 딸에 대해서는 그렇지 않

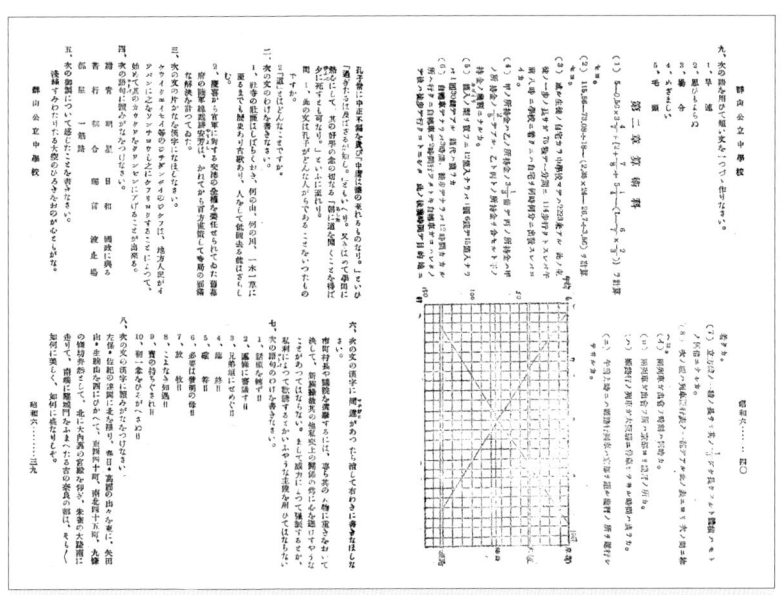

〈그림 9-1〉 1931년 군산중학교 입학시험 문제
입학시험 과목은 국어(일본어)와 산술 두 과목이었다. 일본어로 출제되었고, 답안도 일본어로 작성해야 했다.

— 출처: 『(최근 2개년)입학시험문제서』(1931), 경성: 경성활문사

앉기 때문이다.

제2차 「조선교육령」 시행 이후부터 중학교와 고등여학교에도 조선인이 입학할 수 있게 되었다. 그러나 조선인 학생의 비율은 매우 낮았고, 전혀 없는 경우도 있었다. 예를 들면, 전라북도 군산중학교 졸업생 중 조선인 비율은 1회(1928)부터 12회(1939)까지 최저 0%, 최고 16.7%였다. 군산중학교는 학교 경비를 조선인도 같이 부담하는 공립학교였다. 조선인은 학교 재정을 같이 부담하면서도 교육 기회를 누리는 데에서는 소외되었던 것이다. 조선인 학생 수용을 늘려달라는 요청에 학교 측은

조선인 학생이 입학시험을 못 보기 때문에 어쩔 수 없다고 대답했다. 조선인과 일본인이 일본어로 출제된 입학시험으로 경쟁하는 것을 당연시하는 것이다. 식민지 현실을 적나라하게 보여주는 장면이라 하지 않을 수 없다.

10
조선인·일본인 공학 실업학교의 민족 차별

　중등학교 중 실업학교는 일반계 중등학교와 달리 조선인·일본인 공학이었다. 일본인이 많이 거주하는 경성, 부산, 인천 등 대도시에서는 조선인·일본인 민족별로 각각 상업학교를 운영하기도 했다. 예를 들면, 부산제이상업학교는 조선인이 다니는 학교였고, 부산제일상업학교는 일본인 대상 학교였다. 또한 경성의 경기상업학교는 조선인·일본인 공학이었지만 경성상업학교는 일본인 학생만 수용했다. 그러나 이는 예외적인 경우였고, 대부분의 실업학교는 원칙적으로 민족 공학이었다.

　실업학교에는 전공과목별로 농업학교, 공업학교, 상업학교, 수산학교, 직업학교 등이 있었다. 일반계 중등학교와 마찬가지로 남녀 분리 교육 원칙에 따라 여자실업학교는 따로 두었다.

〈표 10-1〉 1911~1943년 실업학교 분포 상황

연도	농업학교	상업학교	공업학교	직업학교	수산학교	여학교
1910	예산, 전주, 정읍, 광주, 대구, 진주, 평양, 춘천, 함흥, 북청	부산제일, 부산제이, 선린(사)				
1911	청주, 안주, 의주, 영변, 사리원					
1912		인천				
1913						삼도여실(사)
1914						
1915						
1916		진남포				
1917						
1918	경성					
1919						
1920	제주	경성, 강경, 목포, 함흥, 회령				
1921	상주	신의주			여수	
1922	이리	마산, 원산, 동성(사)	경성		용암포(3)	
1923		경기, 대구			통영	
1924	길주, 밀양(3)					
1925						경성여상(사)
1926						경성여실
1927	김해					
1928	경성, 강릉					

연도	농업학교	상업학교	공업학교	직업학교	수산학교	여학교
1929						
1930	충주	사리원, 숭인(사)				
1931		평양		경성		
1932						
1933	공주, 안동	개성		부산		
1934	연안	대동(사)		북청		
1935	순천	청주(사)		신의주		덕성여실(사)
1936	수원, 강계	한성(사)				향상여실(사)
1937	강진(3), 울산, 갑산(3)	청진		대구		
1938	남원(3), 장연, 신천(사)	강릉			청진	
1939	안성	덕수(3)	평양제일	해주, 삼척		
1940	영동(3), 천안, 덕원(3)	광신(사)	이리, 부산, 흥남, 조선전기(사)	인천		
1941	서흥(3), 원주	군산, 보인(사, 3)	신의주, 청진, 평안(사)	대전, 송정		
1942	문산, 순창, 성천, 구성, 평강, 영흥	김천		전주		청진여실
1943	의정부, 제천, 서산, 영주, 안악, 초산	단천	겸이포, 평양제이			
계	55개교 (사립1개교)	31개교 (사립8개교)	11개교 (사립2개교)	11개교	4개교	6개교 (사립 4개교)
	118개교(공립 103개교, 사립 15개교)					

출처: 『조선제학교일람』 각 연도판
비고: (사)는 사립학교, (3)은 3년제 학교임.

〈표 10-1〉과 같이 일제강점기에 실업학교는 공립 103개교, 사립 15개교, 합 118개교가 설립되었다. 일반계 중등학교에 비해 학교 수가 배 이상 많고, 절대다수가 공립학교이다. 조선총독부 중등교육정책의 주안점이 실업교육에 있었다는 것을 다시 한번 확인할 수 있다.

전공별로 살펴보면 118개교 중 농업학교가 55개교로 가장 많고, 상업학교는 31개교, 공업학교와 직업학교가 각 11개교, 수산학교 4개교였다. 공업학교는 1937년까지 경성공업학교만 개설되어 있다가 중일전쟁 발발 이후인 1939년부터 북부 지방에 집중적으로 개설되었다. 여학교는 6개교뿐이었는데 그중 사립학교가 4개교였다. 실업학교 중 농업학교의 비중이 가장 높고, 일제 말에야 공업학교가 증설되기 시작한 것은 조선을 식량 공급 기지로, 전시체제기에는 원료 공급지로 활용하려한 통치 정책이 반영된 결과다.

〈표 10-2〉 실업계 학교 종류별 조선인 재학생 비율

연도	실업학교					실업보습학교
	농업학교	상업학교	공업학교	직업학교	수산학교	
1922	95%	51%	30%		100%	89%
1927	88%	45%	15%		95%	91%
1932	89%	47%	25%	86%	99%	89%
1937	89%	50%	31%	82%	97%	84%
1942	92%	54%	50%	94%	84%	90%
평균	91%	49%	30%	88%	95%	89%

출처: 『조선총독부통계연보』 각 연도판

〈표 10-2〉를 보면 조선인 학생의 비율은 전공에 따라 다른데, 일본인 학생은 실업학교 중에서도 상업학교와 공업학교 입학을 선호했음을 알 수 있다. 특히 공업학교는 조선인 비율이 30% 이하로 상업학교보다 낮다. 1937년까지 유일한 공업학교였던 경성공업학교는 입학 시 학력 조건이 2년 과정의 보통학교 고등과 또는 고등소학교 졸업이었다. 그러나 고등과가 설치된 보통학교는 매우 드물었기 때문에 조선인 학생은 입학에서 구조적으로 불리한 상황에 처하게 된다.

농업학교와 마찬가지로 실업보습학교도 조선인 학생의 비율이 매우 높은데, 실업보습학교는 실무에 필요한 낮은 수준의 기능을 익히는 실습 중심의 학교였다. 실업학교보다 수업연한도 짧고, 학력도 인정되지 않았다. 실업보습학교에 다니는 일본인 학생은 극소수였던 반면, 조선인 학생은 실업학교와 실업보습학교 재학생 비율이 1930~1940년대 내내 7:3 정도였다. 조선인 학생의 실업교육이 일본인에 비해 열악했음을 의미한다.

입학생 선발에서 민족별 정원 할당제가 시행되었다는 점도 중요하다. 물론 조선총독부도, 각 학교에서도 이를 부정했다. 그러나 수치는 학교 측이 민족별로 학생 정원을 조정하고 있었다는 사실을 보여준다. 일제강점기 내내 입학생 중 조선인 비율이 거의 일정하게 유지되고 있기 때문이다. 대체로 농업학교는 90%, 상업학교는 61%, 공업학교는 24%, 수산학교는 96%, 직업학교 63%, 여자 실업학교 5% 정도였다.

〈표 10-3〉 실업계 학교의 민족별 입학생 합격률

		1928년	1931년	1934년	1937년
농업학교	조선인	19%	28%	17%	16%
	일본인	38%	55%	44%	42%
상업학교	조선인	16%	20%	18%	14%
	일본인	53%	55%	44%	41%
공업학교	조선인	33%	21%	26%	22%
	일본인	39%	40%	28%	21%
직업학교	조선인		14%	20%	22%
	일본인		71%	83%	70%
수산학교	조선인	48%	39%	39%	16%
	일본인	100%	67%	75%	13%
여자 실업학교	조선인		50%	54%	47%
	일본인	66%	68%	65%	63%

출처: 『학사참고자료』(1937)

〈표 10-3〉을 보면, 모든 종류의 실업학교에서 매년 조선인 입학 지원자의 합격률은 일본인보다 매우 낮은 것을 확인할 수 있다. 입학 정원을 민족별로 할당하고, 민족별로 구분하여 입시를 치렀기 때문에 조선인은 제한된 정원을 두고 일본인보다 훨씬 심한 입학 경쟁에 시달렸던 것이다. 따라서 입학생의 성적에서도 민족별로 큰 차이가 있었다. 예를 들면, 1936년 전라북도 이리농업학교 수의축산과 입학생의 경우, 조선인 입학생들은 보통학교 6학년 때 석차가 평균 상위 12%였던 반면, 일본인 입학생들은 30%였다. 민족 공학은 조선총독부가 내선융합, 내선일체 운운하며 도입한 제도였지만 차별은 입학 과정에서부터 엄연히 존재했다.

11

민족별로 서열화된 사범학교

 3·1운동 후 제1차 「조선교육령」으로 폐지되었던 사범학교가 재설립되었다. 조선총독부는 제2차 「조선교육령」이 공포되기 한 해 전인 1921년, 관립 경성사범학교(이하 경성사범)를 개설하고, 각 도에 1개교씩 공립사범학교를 설립했다. 그러나 교원 수요가 공급을 따라가지 못한다는 이유로 1929년 공립사범학교를 일괄 폐지하고, 대구와 평양의 사범학교만 경성사범과 같이 관립사범학교로 존속시켰다.

 문제는 사범학교가 경성사범과 기타 사범학교로 서열화되었다는 것이다.

 〈그림 11-1〉의 여러 교원 양성 교육과정 중에서 제2차 「조선교육령」이 규정한 정식 사범학교 교육과정은 보통과 5년-연습과 1년의 6년 과정이었다.

그러나 이 과정은 경성사범에만 있었고, 다른 공립사범학교들은 수업 연한이 2~3년에 불과한 특과, 1년 과정의 강습과만 운영하였다. 1929년 관립학교가 된 대구와 평양사범학교에도 특과가 심상과로 명칭이 바뀌고 교육 기간이 5년으로 연장되었을 뿐 경성사범과 동일한 보통과-연습과 과정은 설치되지 않았다. 또한 이 시기에 경성사범 연습과의 수업연한이 2년으로 연장되었기 때문에 수업연한의 차이도 여전했다.

초등교육	중등교육 및 교원 양성 교육(총 교육 기간 최장 6년)		
보통학교 6년 졸업	사범학교 보통과 (교육 기간 5년)		사범학교 연습과 (1년)
보통학교 6년 졸업	고보·여고보 졸업 (교육 기간 5년)		사범학교 연습과 (1년)
보통학교 6년 졸업	보통학교 고등과 2년 졸업	사범학교 특과 (교육 기간 2~3년)	
보통학교 6년 졸업	고보·여고보 2년 수료	사범학교 특과 (교육 기간 2~3년)	
보통학교 6년 졸업	보통학교 고등과 2년 졸업	사범학교 강습과	
보통학교 6년 졸업	고보·여고보 2년 수료	사범학교 강습과	

〈그림 11-1〉 1922~1928년 조선인 교원 양성 교육과정

경성사범과 다른 사범학교 간 교육과정의 차이는 곧 교원 자격과 대우의 차이로 이어졌다. 경성사범 졸업생은 상급 자격인 1종 교원 자격을 얻었지만 다른 사범학교 졸업생은 2종 교원 자격을 받았고, 중등학교 졸업 학력을 인정받지 못했다. 초임 봉급도 경성사범 졸업생은 52원, 공립사범학교 졸업생은 40원으로 12원이나 차이가 났다. 경성사범 졸

업생의 초임 봉급은 1928년 50원, 1931년 다시 47원으로 삭감되었지만 1929년 이후 대구·평양 사범학교 졸업생의 초임 봉급은 42원이었기 때문에 전보다 정도는 줄었어도 차이는 여전했다.

사범학교는 실업학교와 마찬가지로 조선인·일본인 공학이었다. 그러나 경성사범은 입학생 선발 시 조선인·일본인 정원을 정해놓고 각각 따로 선발했다.

〈표 11-1〉 1922~1938년 경성사범 남자 졸업생 현황(단위: 명)

연도	1922	1923	1924	1925	1926	1927	1928	1929	1930
조선인	·	1	1	3	133	20	20	29	25
일본인	91	129	136	137	123	169	154	143	135
소계	91 (100%)	130 (0.8%)	137 (0.7%)	140 (2.1%)	256 (51.9%)	189 (10.6%)	174 (11.5%)	172 (16.9%)	160 (15.6%)

연도	1931	1932	1933	1934	1935	1936	1937	1938	총계
조선인	33	40	39	36	80	106	44	115	725
일본인	145	139	135	138	187	203	195	277	2,636
소계	178 (18.5%)	179 (22.3%)	174 (22.4%)	174 (20.7%)	267 (30.0%)	309 (34.3%)	239 (18.4%)	392 (29.3%)	3,361 (21.6%)

출처: 경성사범학교 편, 1934, 『경성사범학교총람』; 순화회 편, 1987, 『경성사범학교사 대애지순』, 일본: 순화회
비고: 괄호 안은 조선인 졸업생의 비율임.

〈표 11-1〉에서 조선인 학생의 비율이 최고 30%를 넘지 않는 것을 확인할 수 있다. 1926년만 예외적으로 조선인 졸업생이 많은 것은 조선총독부가 1925년 3월에 그동안 고보에 부설되어 있던 사범과를 폐지하면서 경성사범에 수업연한 1년 과정의 강습과를 임시로 설치하고, 폐지된

사범과 학생들을 수용했기 때문이다.

　이와 달리 1920년대 공립사범학교, 1929년 이후 대구·평양 사범학교에 입학한 일본인은 극소수였다. 폐지 직전인 1929년 5월 말 당시, 13개 공립사범학교 재학생 총수 1,085명 중 일본인은 4.2%인 46명에 불과했다. 1933년 경성사범 재학생 752명 중 조선인은 21%인 158명이었던 반면, 대구사범학교는 481명 중 441명(91.7%), 평양사범학교는 458명 중 414명(90.4%)이 조선인이었다. 1937년에도 경성사범은 조선인 학생 비율이 24.8%였지만 대구사범학교는 78.4%, 평양사범학교는 90.4%였다.

　당초 조선총독부는 경성사범을 여타 사범학교의 모범적 역할을 하는 학교로서 구상했다. 즉 경성사범과 기타 사범학교로 사범학교를 이원화하고, 상대적으로 높은 위치에 있는 경성사범에는 조선인의 입학을 제한함으로써 양성 과정부터 일본인 교원이 우위를 점할 수 있도록 한 것이다.

12

'우리는 그저 남의 세상에 돈만 내는가'- 대학과 전문학교

조선총독부는 제1차 「조선교육령」에서 고등교육기관으로 전문학교를 규정하고, 1915년 4월 「전문학교규칙」을 제정했다. 이에 따라 고등 수준 교육을 해 온 기존의 사립학교들은 전문학교로 인가를 받아야 했다.

<표 12-1> 대학 및 전문학교 현황(구한말~1937)

설립 구분	1910년 이전	1911~1921년	1922~1937년
관립			경성제국대학(1926)
	경성의학교(1899)	조선총독부의원 부속 의학강습소(1910) → 경성의학전문학교(1916)	
	외국어학교	폐교(1911)	
	상공학교(1899) → 농상공학교(1904) → 수원농림학교(1906)	수원농림전문학교(1918)	수원고등농림학교(1922)

설립구분	1910년 이전	1911~1921년	1922~1937년
관립	경성법학교(1909)	경성전수학교(1911) → 경성법학전문학교(1922)	
		동양협회전문학교 (1918. 사립)	경성고등상업학교 (1922. 관립)
		경성공업전문학교(1916)	경성고등공업학교(1922)
공립			대구의학강습소(1924) → 대구의학전문학교(1933)
			평양의학강습소(1924) → 평양의학전문학교(1933)
사립	숭실학당(1901)		숭실전문학교(1925)
	보성전문학교(1905)	보성법률상업학교(1915)	보성전문학교(1922)
	명진학교(1906) → 불교사범학교(1910)	불교고등강숙(1914) → 중앙학림(1915)	휴교(1922) → 불교전수학교(1928) → 중앙불교전문학교(1930)
	대동전문학교(1908)	폐교(1916)	
	이화학당(1908)		이화여자전문학교(1925)
		연희전문학교(1917)	
		세브란스연합의학전문학교(1917)	
			경성치과의학전문학교(1929)
			경성의학전문학교(1930)

비고: 괄호 안은 설립 또는 인가 연도임.

선교계 학교인 연희전문학교, 세브란스연합의학전문학교는 1917년 바로 인가를 받았고, 이화학당과 숭실학교의 대학과는 1925년 인가를 받고 전문학교가 되었다. 보성전문학교는 보성법률상업학교라는 각종학교로 격하되었다가 1922년에 인가를 받고 보성전문학교라는 지위와 명칭을 회복했다. 1906년 명진학교에서 시작된 불교전수학교도 1930년 3월 불교전문학교로 인가를 받았다. 〈표 12-1〉에는 제시되지 않았지만 일제 말에는 대동공업전문학교(1938), 경성여자의학전문학교(1938), 숙명여자전문학교(1939), 명륜전문학교(1942)도 문을 열었다. 이들 사립전문학교들은 민족사학이라 불리며 조선인 고등교육에 큰 역할을 했다.

한편 〈표 12-1〉에서 보듯이 관립 고등교육기관 중 일부는 전문학교 대신 '고등○○학교'라는 명칭으로 유지되었다. 관립전문학교들은 조선총독부로부터 풍부한 재정 지원을 받았기 때문에 학교 시설, 학생 1인당 교육비와 교원 수 등 여러 가지 면에서 사립전문학교보다 교육 환경이 우수했다. 또한 조선총독부는 관립학교 우대 정책으로 관립학교 졸업생에게 관리 임용 자격이나 면허장 부여, 시험 면제 등의 특권을 주었다. 예를 들면, 관립전문학교 졸업생에게는 고등관·외교관·사법관 임용 자격시험과 조선 변호사시험에서 예비시험이 면제되었고, 전공에 따라 해당 과목의 중등교원 자격도 주어졌다. 경성전수학교 졸업생은 전형을 거쳐 특별히 조선총독부재판소 판검사로 임용될 수 있었다. 의학강습소 졸업생은 무시험으로 조선총독부 의사면허를 받을 수 있었으며, 1923년부터는 일본에서도 효력이 있는 내무성 의사면허도 무시험으로 받게 되었다.

반면 사립전문학교들은 동일한 권리를 얻고자 조선총독부의 요구 조건을 맞추며 고군분투해야 했다. 일례로 세브란스연합의학전문학교는 1926년 무시험 내무성 의사면허 자격 부여를 신청했지만 교수 언어로 일본어를 쓰지 않는 교수가 많다는 이유로 거부당했다. 전국적으로 기부금을 모아 시설을 확충하고 교수를 충원해 개교 17년 만인 1934년에야 내무성 의사면허 자격을 얻을 수 있었다. 따라서 조선인 고보 졸업생들

〈그림 9-1〉 경성고등공업학교 전경
본관 건물은 현재 방송통신대학교 역사관으로 사용 중이다.

— 출처: 『매일신보』 1931. 3. 8.

은 주로 사립보다 관립학교 진학을 희망했다. 1920년대 중반 이후 관립전문학교 입학경쟁률은 대체로 5:1 이상, 심하면 10:1이 넘는 경우도 있던 반면, 사립전문학교는 의약학 계열 외에는 2:1 이하로 낮은 편이었다.

본래 관립전문학교는 의학교, 법학교, 상공학교 등 강점 이전 대한제국 정부가 설립했던 관립학교를 모체로 한 조선인 학교였다. 조선총독부는 재조선 일본인에게 고등교육 기회를 제공하기 위해 1910년대에는 경성전수학교를 제외한 다른 세 관립전문학교의 조선인과 일본인 입학생 비율을 2:1로 설정했다. 따라서 일본인 입학생은 정원의 약 1/3~1/4 이하였다.

문제는 1920년대 들어서 관립전문학교의 민족별 정원 규정이 폐지되었다는 것이다. 제2차 「조선교육령」은 조선의 전문학교도 일본의 「전문학교령」에 따르도록 규정했다. 이에 따라 전문학교는 조선인·일본인 공학이 되었다. 또한 재조선 일본인뿐 아니라 일본에서 중학교까지 졸업하고 조선의 전문학교에 입학하려고 건너온 일본인도 늘어났다. 경성법학전문학교를 제외한 관립전문학교의 조선인 입학생 비율이 1920년대 들어서부터 급격히 낮아진 것을 〈표 12-2〉에서 확인할 수 있다. 조선인 입학생 비율은 1920년대 이후 지속적으로 감소하여 1930년대에는 30% 이하로 떨어지고 있다. 특히 경성고등상업학교는 더욱 심하여 1920년대 내내 20%에도 미치지 못했다. 같은 조선인·일본인 공학인 실업학교에서는 민족별 정원제가 조선인 학생의 입학을 제한했던 반면, 관립전문학교에서는 조선인 학생의 입학을 위해 도리어 민족별 정원제가 필요했던 것이다.

조선인 사회에서는 이미 1920년대 중반부터 조선의 관립전문학교가 일본인 전용이 될 날도 머지않았다는 우려가 나오기 시작했다. 1926년 사립 인문계 중등학교 교장들은 관립전문학교의 민족별 입학 정원을 제정하라는 요구안을 제출하기도 했다. 조선에 있는 교육기관이니 가급적 조선인 학생이 다수 입학할 수 있도록 일본인 입학생 정원을 제한하라는 것이었다.

이에 대해 조선총독부는 이른바 일시동인을 내세워 민족별 정원을 규정할 수 없으며 조선인 학생이 적은 것은 입학시험 결과에 따른 것이므로 어쩔 수 없다는 입장을 고수했다. 그러나 각 관립전문학교는 내규로 민족별 정원을 정하여 운영하고 있었다. 당시 조선인 사회에서는 이에 대해 강하게 의혹을 제기했는데, 이는 〈표 12-2〉에서 보듯이 실제 수치가 증명하는 것이었다.

입학난에 있어서나 조선인의 불평등 대우에 있어서나 가장 도마 위에 올려져야 할 학교도 경성고등상업학교요, 조선인과 가장 인연이 박약한 학교도 경성고상인 것이 앞으로 실증될 것이다. … 조선인 학생은 일본 내지인의 반수만이라도 합격되기는 고사하고, 일본 내지인이 합격자의 80%인데 … 5개년간의 평균을 보면 아주 고정적으로 80%와 20%라는 숫자가 조선인의 차별대우를 웅변으로 증명한다. 소위 실력주의에 의해서 선발한다는 것이 이렇게도 신기롭기까지 할까? 5개년 실력의 비율이 이같이 정상적으로 추출되었다고 가정하면 결국 일본 내지인의 실력이 80%인데 대하여 조선인은 20%라는 말일 것이다. 이것이 민족적 두뇌의 현상이라면 역사상으로나 생리학상으로나 다 같이 공인되어야 할 것이 아닌가? … 차라리 내규상의 비율에 의해서 선발한다고 정직하게 내세우는 것이 교육자로서 마땅히 밟아야 할 정도가 아닐까 한다.

- 「입학난의 각 관전을 찾아서 4」, 『동아일보』 1936. 2. 7.

조선총독부가 내세우는 이른바 실력주의는 본래부터 조선인·일본인 공학의 입학시험에 적용하기에는 모순이 있었다. 같은 시험을 치른다고 하지만 시험 언어가 일본어이기 때문이다. 입학시험 과목에 일본어는 있지만 조선어는 없다는 것, 한문 과목의 경우 조선인과 일본인이 한문을 읽는 방법과 상용어가 다르다는 것, 중등학교가 조선인의 고등보통학교와 일본인의 중학교로 구분되어 있고 교육과정과 교과서가 같지 않다는 것도 빼놓을 수 없다.

경성제국대학은 개교 이전부터 입학생의 비율을 일본인 2 대 조선인 1로 결정했다. 1926년 6월 12일 경성제국대학 개교식에 참석했던 한 조선인 기자는 드디어 조선에서 최고학부인 대학을 갖게 되었으니 대단히 반갑고 기쁜 날이어야 하지만 오히려 가엾고 애달프다는 비애를 갖게 되었다면서, 그 이유를 다음과 같이 토로했다.

> 당국자의 말을 들으면 예과와 법문부, 의학부만을 완성하는 데도 임시비만 500만 원가량 들겠고, 경상비는 해마다 40~50만 원가량 되겠다고 한다. 이 많은 경비를 우리가 짜서 내는 세금 중에서 지출하는 것은 말할 것도 없다. 그런데 그 학교에서 가르치는 사람과 배우는 사람이 누구인지 보면, 교수 중에는 물론 조선 사람이 한 사람도 없고, 학생 중에도 문과·이과 합 168명 중에 조선 사람은 겨우 44명밖에 없다. … 그뿐만 아니라 그곳에 초대를 받아 온 사람들도 거의 전부가 남이요, 조선 사람은 그나마 제정신을 가진 사람은 몇 사람이 안 되고 그 나머지는 다 왜장대(倭將臺) 앞에 가서 허리를 굽히는 자들이었다. 그러니까 우리는 그저 남의 세상에 돈만 내는가 하였다.
> ─「경성제국대학 예과의 개교식을 보고서」, 『개벽』 49, 1924. 7.

조선총독부는 조선 땅에서 경비 대부분을 조선인의 세금으로 충당하는 관립학교에 민족별 정원제를 일본인에게 유리하도록 적용하거나 적용하지 않으면서 이를 일시동인과 실력주의 따위로 포장했다. 조선인에게 일제강점기 조선은 '남의 세상에 돈만 내는' 세상이었다.

<표 12-2> 1916~1942년 관립전문학교의 민족별 입학자 수(단위: 명)

구분	경성법학전문				경성의학전문			
	조	일	계	비율(%)	조	일	계	비율(%)
1916	57	·	57	100	49	25	74	66.2
1917	51	·	51	100	25	26	51	49.0
1918	53	·	53	100	58	25	83	69.9
1919	48	·	48	100	69	25	94	73.4
1920	52	·	52	100	34	62	96	35.4
1921	54	·	54	100	65	37	102	63.7
1922	54	4	58	93.1	47	53	100	47.0
1923	74	3	77	96.1	47	56	103	45.6
1924	41	17	58	70.7	26	56	82	31.7
1925	31	16	47	66.0	22	66	88	25.0
1926	48	16	64	75.0	18	65	83	21.7
1927	40	29	69	58.0	16	65	81	19.8
1928	49	19	68	72.1	26	64	90	28.9
1929	45	20	65	69.2	30	60	90	33.3
1930	43	26	69	62.3	22	63	85	25.9
1931	44	15	59	74.6	15	66	81	18.5
1932	44	19	63	69.8	19	61	80	23.8
1933	48	13	61	78.7	12	68	80	15.0
1934	47	17	64	73.4	21	59	80	26.3
1935	52	16	68	76.5	21	59	80	26.3
1936	51	16	67	76.1	21	58	79	26.6
1937	52	18	70	74.2	22	59	81	27.2
1938	57	10	67	85.1	18	61	79	22.8
1939	53	16	69	76.8	16	68	84	19.1
1940	43	38	81	53.1	19	61	80	23.8
1941	49	46	95	51.6	15	63	78	19.2
1942	44	46	90	48.9	20	70	90	22.2
계	1,324 1,009	420	1,744 1,429	75.9 70.6	773	1,501	2,274	34.0

비고: 조는 조선인, 일은 일본인을 가리킴. 비율은 입학생 중 조선인 비율임.
경성법학전문학교의 계 2행은 일본인이 입학한 1922년 이후, 경성고등상업학교의
계 2행은 조선인이 입학한 1923년 이후의 수치임.

경성고등공업				수원고등농림				경성고등상업			
조	일	계	비율(%)	조	일	계	비율(%)	조	일	계	비율(%)
23	19	42	54.8								
31	31	62	50.0								
32	18	50	64.0	14	5	19	73.7				
40	21	61	65.6	9	1	10	90.0				
25	19	44	56.8	8	11	19	42.1				
25	22	47	53.2	22	17	39	56.4				
14	34	48	29.2	18	46	64	28.1	·	78	78	
17	38	55	30.9	25	55	80	31.3	14	68	82	17.0
21	26	47	44.7	20	52	72	27.8	13	76	89	14.6
18	30	48	37.5	29	32	61	47.5	9	81	90	10.0
20	46	66	30.3	24	30	54	44.4	9	56	65	13.9
10	40	50	20.0	25	31	56	44.6	14	66	80	17.5
12	53	65	18.5	26	37	63	41.3	15	64	79	19.0
12	50	62	19.4	20	42	62	32.3	16	82	98	16.3
7	53	60	11.7	15	46	61	24.6	13	84	97	13.4
12	53	65	18.5	8	17	25	32.0	17	73	90	18.9
13	47	60	21.7	15	49	64	23.4	17	71	88	19.3
11	49	60	18.3	15	42	57	26.3	19	75	94	20.2
17	46	63	27.0	15	51	66	22.7	19	75	94	20.2
17	53	70	24.3	19	46	65	29.2	21	78	99	21.2
28	43	71	39.4	25	43	68	36.8	21	77	98	21.4
20	59	79	25.3	22	62	84	26.2	21	79	100	21.0
45	109	154	29.2	20	62	82	24.4	25	75	100	25.0
28	86	114	24.6	20	65	85	23.5	39	66	105	37.1
28	100	128	21.9	26	68	94	27.7	30	77	107	28.0
18	109	127	14.2	23	82	105	21.9	37	74	111	33.3
21	193	214	9.8	33	108	141	23.4	29	87	116	25.0
565	1,447	2,012	28.1	496	1,100	1,596	31.1	398	1,562 1,484	1,960 1,882	20.3 21.2

13

동일 노동 차등 임금?- 일본인 교원의 가봉

　조선의 공립보통학교 교원으로 재직하면서 교원노동조합을 조직하려다 1930년 파면당한 죠코 요네타로(上甲米太郎)라는 인물이 있다. 죠코는 중학교 졸업 당시 아버지의 파산으로 빚과 생활고에 시달리고 있었다. 그는 1920년 3월 중학교를 졸업하자마자 조선으로 건너와 임시교원양성소에서 1년간 교육을 받고 공립보통학교 교원이 되었다. 죠코는 조선행을 결심했던 심정을 '사람들이 좋아하지 않는 곳이라도 갈 것이다. 거기에는 그나마 나에게 희망을 주는 길이 있을 수도 있다.'라고 적었다. 그는 왜 '희망을 주는 길'을 조선의 초등교원에서 찾은 것일까?
　1928년 1년 과정의 경성사범학교 연습과에 입학했던 하라 다케오(原武雄)의 회고도 죠코와 비슷한 사연을 들려준다.

　　쇼와 초기는 심한 불경기였다. 대학을 나와도 취직을 못하는 시대였다. 경제적으로 여유가 있는 가정이면 모를까, 특별한 재산도 없이 일개 샐러리맨 가정에서 당시 남자 3명을 5년, 3년, 1년 차례로 중학교에 보내고 있는 우리 아버지는 입 밖으로 말을 꺼내진 않으셨지만 정말 어려웠을 거라고 생각한다. … 장남인 나는 가정경제도 어느 정도 알고 있었기 때문에 이제까지 가슴에 품고 있던 진로를 감히 고집할 용기가 희박해졌고, 중학교 졸업이 다가오면서부터는 가장 빨리 견실한 취직이 가능한 길을 진지하게 고민하지 않을 수 없었다. 충분한 고민 끝에 빠듯하게 경성사범 연습과의 길을 선택한 것이 사실이다.

— 순화회, 1987, 『경성사범학교사 대애지순』, 일본: 순화회, 331~332쪽

파산 가정의 죠코와 불경기를 살고 있는 빠듯한 가정의 장남 하라가 '조선의 초등교원 되기'를 돌파구로 삼은 것은 일본의 초등교원보다 더 많은 봉급을 받을 수 있었기 때문이다.

〈표 13-1〉 조선총독부 관료 위계

고등관	친임관			조선 총독, 정무총감
	칙임관	고등관 1등		조선총독부와 소속 관서의 국장
		고등관 2등		도지사, 경성부윤, 도참여관, 도의 내무·재무·경찰부장 등
	주임관	고등관 3~9등	1호	3~7등. 조선총독부 사무관급, 조선총독부 시학관, 대구·부산·평양부윤
			2호	4~8등. 도경시, 군수, 도사, 부윤, 도 이사관, 도 시학관, 부 이사관 등.
			3호	5등 이하. 재판소 서기장, 재판소 통역관 등
판임관	각 관청의 실무·사무를 담당			
대우관	칙임·주임·판임의 대우를 받지만 형식상 관료가 되지 못한 자			
등외관	직무상 관료와 큰 차이가 없어 넓은 의미에서 관료의 일종으로 안정되는 자			

조선의 관공립학교 교원은 관료 신분이었다. 따라서 관료로서 공적 지위와 봉급을 보장받을 수 있었다. 〈표 13-1〉은 일제강점기 관료를 임용 형식에 따라 구분한 것이다. 초등교원은 판임관이었고, 교장 중 일부가 주임관 대우를 받았다. 중등학교와 전문학교, 대학의 교원은 판임관 또는 주임관, 교장은 모두 주임관이었다. 교원·교장은 주임관 중 2호에 해당했다.

조선총독부 관료가 받는 봉급은 일본의 봉급체계가 그대로 적용되었는데, 1910년대에는 조선인 관료에 대한 봉급 규정이 따로 있다가 3·1운동 직후 폐지되었다. 즉 1920년대부터는 조선인 교원, 일본인 교원 모두 일본의 「봉급령」에 따라 봉급을 받게 되었다. 등급에 따른 연봉은 〈표 13-2〉와 같다.

〈표 13-2〉 판임관, 주임 문관 본봉 연액(단위: 엔)

	1920년		1930년	
	주임관 2호	판임관	주임관 2호	판임관
1급	3,800	1,920	3,400	1,740
2급	3,400	1,620	3,050	1,500
3급	3,100	1,380	2,770	1,320
4급	2,700	1,200	2,420	1,140
5급	2,400	1,020	2,150	1,020
6급	2,000	900	1,820	900
7급	1,800	780	1,650	780
8급	1,600	660	1,470	660
9급	1,400	600	1,300	600
10급	1,200	540	1,130	540
11급	1,100	480	1,050	480

중요한 것은 일본인 교원은 〈표 13-2〉의 봉급에 더하여 가봉, 숙사료, 조선어장려비 등 일본인 관료에게만 지급되는 별도의 추가 급여를 받고 있었다는 점이다.

가봉은 판임관은 본봉의 60%, 주임관은 본봉의 40%나 되었다. 또한 벽지와 국경 지방 학교 교원에게는 각각 본봉의 10%, 20%가 추가로 지급되었다. 숙사료는 지역을 1~3급지로 나누어 각각 차등 지급했는데, 1급지는 경성 한 곳이었고, 2급지는 도·부 소재지와 영등포, 수원·개성·대전·강경·김천·진해·통영·나주·용암포·성진·나남·회령과 이들 지역에 접하여 같은 시가를 형성하고 있는 지역이었다. 1·2급지를 제외한 모든 지역은 3급지에 해당했다.

〈표 13-3〉 1911년 제정 판임관, 주임관 숙사료(단위: 엔)

	주임관		판임관	
	5등 이상	6등 이하	5등 이상	6등 이하
1급지	35	30	25	20
2급지	30	25	20	15
3급지	25	20	15	10

1920년대 후반인 1927년, 경성사범을 졸업하고, 강원도 춘천공립보통학교에 초임 발령을 받은 다카키 코우지(高木幸次)는 하루 세 끼 식사를 제공하는 하숙비가 한 달 10엔이었는데, 첫 월급으로 본봉 52엔, 가봉 6할과 숙사료 등으로 90여 엔에 부임 수당 200엔을 받고 놀랐다고 회고했다. 부임 수당은 별도라 하고, 다카키가 받은 초임 봉급은 본봉에 가봉, 숙사료를 더하여 93.2원이었을 것이다. 출신 학교와 시기에 따라

차이는 있었지만, 대체로 초등교원의 초임 봉급은 최고 50원(판임관 9급봉), 최저 40~42원 정도였고, 최상한은 6~7급봉이었다. 즉 일본인 초등교원 다카키는 초임 봉급으로 조선인 초등교원이 받을 수 있는 최고 봉급보다도 많은 돈을 받았다. 죠코와 하라가 왜 조선의 초등교원이 되려 했는지 쉽게 이해할 수 있을 것이다.

본봉이 많을수록 가봉도 많아진다. 중등교원은 초등교원보다 훨씬 많은 봉급을 받았는데, 초임 본봉이 75원인 일본인 판임관 중등교원은 가봉을 더하여 120원을 받을 수 있었다. 연봉 1,440원으로 1930년대 주임관 2호의 9급봉보다도 많은 금액이었다.

일본인 교원의 가봉과 숙사료는 조선의 교육 재정에 엄청난 부담이었다.

현재 조선 내 보통학교 수는 1,880여 개로 총 면 수 2,469여에 비하면 1면 1교제를 완성하려면 아직도 멀기만 하다. 학교비예산으로 보아서는 1교를 늘리는 것은 물론이요, 지방에 있어서는 한 학급 늘리는 것까지 학교 당국, 전 면민, 전 읍민을 총동원하다시피 하여도 이루지 못한 데가 있으니, 이는 조선인측 교육재정이 얼마나 빈약하다는 것을 여실히 말하는 것이다. 그러면 조선인측 교육재정은 과연 그 최대 절약을 실행하였는데도 불구하고 이 같은 궁핍을 고하게 된 것인가? 이에 대하여 여러 가지를 검토하기 전, 우선 조선 학교비 지출에 가장 으뜸가는 교장 및 교원의 인건비 관계를 살펴보고자 한다. 그 인건비 총액을 보면 약 900만 원을 계상하게 되어, 학교경영비 총액 1,020여 만 원에 대한 약 8할을 점하게 되었으니, 학교비 지출 양부에 대한 비판은 거의 여기서부터 출발하지 않을 수 없다. … 같은 자격을 가진 교원이라도 일본인 교원에게는 가봉과

사택료를 덧붙여주는 고로 조선인 교원보다 약 배액을 더 주게 되니 … 전 교원 수 중 2할 8분을 점한 일본인 교원은 봉급액 중 5할 6분을 차지하게 되어 그 실액은 5백만 10여 만 원을 계상하게 되는 셈이다. 만일 일본인 교원 대신에 조선인 교원을 채용한다면, 2,500명을 더 쓰게 될 것이요, 1학급 평균 경상비를 1,300원으로 계산한다면 실로 1,900여 학급을 해마다 신설할 수 있는 것이니, 현재 일본인 교원을 씀으로 말미암은 손실이 그 얼마나 크다 할 것인가.
  -「조선인 교원을 대용하라-일석이조지책」,『동아일보』1933. 6. 23.

죠코와 하라처럼 조선에서 양성 교육을 받고 교원이 된 경우가 아니라, 일본에서 교원 경력이 있는 일본인 초빙 교원은 호봉을 산정할 때 일본에서의 경력을 그대로 인정받았기 때문에 훨씬 더 많은 비용이 들었다. 조선인 사회에서는 과다한 인건비를 지적하며 일본인 교원 수를 줄이라고 줄기차게 요구했다.

그러나 조선총독부는 공립보통학교 교원은 조선인·일본인 비율을 7:3으로 유지하였고, 일제 말에는 오히려 일본인 교원 초빙을 늘려 그 비율이 48%까지 상승했다. 게다가 관공립중등학교에는 조선인 교원을 거의 임용하지 않았다. 1938년 당시 전국 공립 고보·여고보의 조선인 교원은 각각 410명 중 66명(16.1%), 148명 중 45명(30.4%)이었고, 공립실업학교와 관립사범학교의 경우는 1943년 당시 각각 1,618명 중 339명(21.0%), 449명 중 75명(16.7%)에 불과했다. 즉 조선인이 부담하는 교육비의 상당액이 일본인 교원의 지갑을 두둑이 하는 데 쓰인 것이다. 교육 분야에서 일어난 식민지 착취의 적나라한 장면이라고 하지 않을 수 없다.

14

학교 교육에서 소외되는 여성들

 8장에서 3·1운동 직후인 1920년대 초반 보통학교 취학률이 급격하게 상승한 것을 확인한 바 있다. 그러나 〈그림 8-1〉과 〈표 14-1〉을 보면, 성별에 따라 보통학교 취학률에 큰 차이가 있는 것을 확인할 수 있다. 남성의 경우, 보통학교 취학률 추이는 1910년대 낮은 수준의 정체기, 1921~1923년 급격한 상승기, 1924~1931년 답보 상태였다가 1932년 이후 다시 급증한 시기로 구분할 수 있다. 그러나 여성의 취학률은 남성의 취학률이 급증한 1920~1923년에도 매우 낮은 수준이었고, 1935년까지도 10%가 되지 않을 정도로 그 규모가 절대적으로 낮았다.

〈표 14-1〉 일제강점기 조선인 남녀 보통학교 취학률(단위: %)

연도	남	여	연도	남	여	연도	남	여
1912	3.5	0.3	1923	20.4	3.4	1934	34.1	8.7
1913	3.9	0.4	1924	22.7	4	1935	36.7	9.9
1914	4.2	0.4	1925	23.9	4.4	1936	40.1	11.5
1915	4.7	0.5	1926	25.1	4.8	1937	43.7	13.4
1916	5.1	0.6	1927	25.9	5	1938	49.7	16.2
1917	5.5	0.7	1928	26.3	5.3	1939	56.4	19.4
1918	5.7	0.8	1929	26.7	5.5	1940	61.0	22.4
1919	5.7	0.8	1930	26.3	5.7	1941	64.3	26.5
1920	7.6	1.1	1931	26.6	6.1	1942	67.2	29.0
1921	11.1	1.6	1932	27.3	6.6			
1922	16	2.8	1933	30.7	7.7			

비고: 보통학교는 관공사립을 모두 포함함.

보통학교 취학률에 영향을 미치는 기본적인 요인은 민족과 계급이다. 민족 요인은 초등교육의 무상 의무교육을 절대 시행하지 않은 식민지 교육정책, 계급 요인은 수업료를 부담할 수 있는 경제력이다. 그런데 이 두 가지만으로는 성별에 따른 취학률의 현격한 차이가 설명되지 않는다. 여성의 보통학교 취학률이 남성에 비해 절대적으로 낮았던 것은 민족 요인, 계급 요인에 더하여 취학 기회에서 남자를 우선하거나 심지어 여성의 취학에 부정적이기까지 한 젠더 규범이 작용했기 때문이다. 일제강점기 내내 돈이 없어서 초등학교조차 다니지 못하는 불취학 계층이 광범위하게 존재했고, 그 절대다수는 여성이었다. 보통학교에 취학하지 못한 여성은 서당, 야학, 사설 강습소 등 보통학교보다 문턱이 낮은 교육시설이라도 배울 기회를 얻으면 다행이었고, 그마저도 안 되면 결국 문맹을 면하기 어려웠다.

민족·계급·젠더 세 요인은 당연히 여성의 중등교육과 고등교육에도 부정적으로 작용했다. 조선총독부는 여성 교육에 대해 사실상 방치라고 할 수 있는 무정책으로 일관했다. 공립여고보는 1도 1교조차 되지 못했고, 공립여자실업학교는 전국에 2개교뿐이었다. 사범학교는 남녀공학이었지만 여학생을 위한 정규 교육과정을 운영하지 않았다. 〈그림 11-1〉의 여러 교원 양성 과정에서 여학생이 입학할 수 있던 것은 경성사범 연습과와 공립사범학교 강습과뿐이었다. 그나마 공립사범학교 여자 강습과는 필요에 따라 개설되는 임시 과정이었다.

고등교육 기회는 더욱 제한되어 있었다. 여자 전문학교는 관공립은 없었고, 사립학교도 이화여자전문학교 1개교뿐이었다가 1938년에야 경성여자의학전문학교와 숙명여자전문학교가 개교했다. 다만 의치약학계열 사립학교가 극소수의 여학생을 수용했고, 경성제국대학 법문학부가 1935년부터 여성의 입학을 허용했다. 그 외의 다른 관립전문학교에는 입학이 불가능한 데다 이화여자전문학교는 문과·가사과·음악과, 숙명여자전문학교는 가정과·기예과만 두었기 때문에 선택할 수 있는 전공 범위도 좁았다.

초등-중등-고등의 단계적 학교 제도가 마련된 상황에서 중등교육과 고등교육 확충은 각각 전 단계의 교육이 충분히 확대·보급되어야 가능하다. 보통학교 취학률이 낮으니 상급학교에 입학할 수 있는 학력 조건을 갖춘 여성도 적었다. 초등교육조차 무상 의무교육이 아닌 상황에서 여성이 교육을 받으려면 그 비용을 부담할 수 있는 집안의 경제력이 필수적이다. 물론 이는 남성도 마찬가지다. 중등학교, 대학과 전문학교의 문은 남성에게도 넓게 열려있는 것은 아니었다. 그러나 남성 중심적 성차별주의가 엄연한 사회에서 한정된 교육 기회는 집안의 아들에게 우선 돌아가기 마련이었다.

모든 부유한 집안의 딸들이 중등 이상 교육을 받을 수 있던 것도 아니었다. 1925년 경성여고보 졸업생 조기홍(趙圻烘)은 입학 동기생 중 3학년까지 수료한 학생은 50여 명이었는데, 4학년을 마치고 같이 졸업한 학생은 자신까지 16명이었다면서, 집안에서 결혼을 서둘렀기 때문이라고 회고했다. 조기홍은 일찍 개명한 부친에게서 어렸을 때부터 대학까지 보내준다는 말을 자주 들었다고 한다. 부친의 지원으로 조기홍은 경성여고보 졸업 후 일본 도쿄여자고등사범학교로 유학할 수 있었다. 고등사범학교는 전문학교에 해당하는 학교로 졸업 후 중등교원 면허를 받을 수 있었다.

조기홍보다 14년 뒤인 1939년 경성여고보를 졸업하고 같은 학교에 유학했던 윤서석(尹瑞石)은 한 인터뷰에서 일본 유학에 대해 다음과 같이 말했다.

> 질문자: 경기(경성여고보)를 나와서 여고사에 들어갔다는 것은, 선생님은 최고 학생이셨네요.
> 윤서석: 아니, 나는 150명 중 1등은 아니었어요. 클래스에서 2등 정도는 했다고 생각되는데, … 1등을 한 적은 없습니다.
> 질문자: 1등이었던 분은 어디로 갔습니까?
> 윤서석: 아무 데도 가지 않았습니다. 정숙한 가정부인이 되었습니다. 그때는 공부를 잘 해서 유학을 가는 게 아니었습니다. 공부를

못하면 물론 유학을 할 수 없지만, 공부를 잘 하기 때문에 유학을 가야 한다 라는 것은 아니었어요. 대부분은 여학교를 졸업하면 다음 해에 결혼을 했습니다.

질문자: 선생님은 외동딸이죠. 용케 동경에 보내주셨네요.

윤서석: 아버지의 사고방식이 신식이었달까. 당시 한국의 가정에서는 아들이 없으면 첩을 두어서 아들을 낳게 하거나 양자를 들이는 것이 보통이었습니다. 내 경우, 나 말고도 많이 태어났지만 살아남은 아이는 나 한 사람뿐이었습니다. 친척들은 아버지에게 강요했던 것 같은데, 아버지가 완고하게 마지막까지 첩을 두지 않았습니다. 양자도 들이지 않았어요. 그래서 아버지는 딸에게 뭐든 전문적인 것을 시켜야 한다는 생각이 있었던 것 같습니다.

- 오다 다카코(太田孝子), 2008, 『해협을 넘어』, 춘풍사, 117~119쪽

여고보를 졸업하면 17~18세가 되는데, 조선인 여성의 결혼 연령은 15~19세가 가장 많았다. 상급학교에 진학하면 이른바 결혼 적령기를 넘기게 되니 자의건 타의건 여학교를 졸업하고 바로 또는 1년 안에, 심지어는 미처 졸업장도 받지 못하고 결혼하는 것이다.

가정부인이 될 여성이 고등교육까지 받을 필요가 없다는 성차별적 의식도 만만치 않았다. 이화여고보를 졸업하고, 1942년 이화여자전문학교 문과에 입학했던 이희호(李姬鎬)는 1학년 여름방학 때 고향에 갔다가 첫째 오빠가 부친에게 보낸 편지에 '아버님, 계집애를 전문학교 공부를 시켜서 뭐하시려고'라는 구절을 보고 계집애라는 표현에 지독히

모멸감을 느꼈다고 회고했다. 즉 여성이 갖은 편견과 차별을 넘어 중등 이상의 교육을 받으려면 집안의 경제력은 당연하고, 조기홍·윤서석의 부친처럼 집안의 실권을 가진 지지자가 있어야 했다. 이희호도 부친은 의사, 위의 세 오빠들은 은행원, 의사, 회사 간부였으며, 딸의 진학을 강력하게 지지한 모친이 있었다.

학교 제도에 규정된 정규학교가 아니더라도 서당, 야학, 사설 강습소, 사립 각종학교 등에서 교육을 받을 수는 있었다. 문제는 학력이 인정되지 않으므로 상급학교 진학이나 취직, 자격 획득에 제한을 받게 된다는 것이었다. 해방 후 여성에게 초등·중등 학교 교원·교장, 대학교수, 공무원 등이 될 수 있는 기회가 열렸을 때도 사회적 역할과 지위를 얻기 위해서는 공인된 학력과 경력, 자격증이 필요했다. 고등사범학교 졸업장과 중등교원 자격, 여고보 교원 경력을 갖추고 있던 조기홍과 윤서석은 해방 후 대학교수가 되었다. 즉 학교 교육에서 소외는 공적인 사회활동, 사회적 지위 획득 기회에서 소외로 이어지는 것이다.

15

'실습' 어떻게 봐야 할까?

교육인가, 노동인가

실습의 사전적 의미는 교재나 교사의 설명 등으로 배운 것을 실제로 해보고 익힌다는 것으로, 교육적으로 중요한 의미가 있다. 그런데 일제강점기 학교에서 이루어진 실습은 교육이라고 보기 어려운 점이 있다. 다음은 1916년 의주농업학교의 '농업실습 교수의 목적'이다.

- 학과에서 배운 지식을 실제에 응용할 수 있는 기술을 충분히 습숙시키는 것.
- 교실에서 설명하기 곤란한 것 또는 장시간을 요하는 학과를 실습으로 쉽게 이해시키고, 단시간에 확실한 지식을 주는 것.
- 농사의 취미를 이해하고, 농업을 좋아하는 인물을 양성하는 것.
- 말만 잘하는 사람이 되는 것을 방지하고, 실행하는 사람이 되게 하

는 것.
- 근로를 싫어하지 않는 습관을 기를 것.
- 책임을 다하는 습관을 기를 것.
- 작물에 충실하면 충실의 보답으로 충분한 결과를 얻고, 불충실하면 불충실의 응보가 있다는 것을 깨닫게 할 것.
- 고생 끝에 낙이 온다는 것을 알게 하고, 낭비를 엄히 경계할 것.
- 상호협동의 필요를 깨닫게 하고, 공익을 꾀하는 사상을 기를 것.

- 『조선휘보』 1916. 2.

제시된 9가지 중 첫째와 둘째를 제외한 나머지는 학과 내용과 관계없는 규율이나 정신 수양 차원으로 볼 수 있다. 조선총독부는 조선인은 노동을 천시한다, 게으르다 운운하며, 근면·성실·노동의 습관을 기르기 위해서 실습 중심의 실업교육이 필요하다고 주장했다. 즉 실습은 본래의 교육적 목적이 아니라 정신 수양·훈육 차원에서 강제된 측면이 컸다. 심지어 학교의 부속한 재원을 충당하는 방법으로 실습이 이용되기도 했다. 실습 생산물을 판매하여 그 수익금을 학교 경비로 쓰는 것이다.

1927년 9월 춘천농업학교 3학년 학생들은 장문의 진정서를 작성하여 교장에게 제출하고 동맹휴학(이하 맹휴)을 일으켰는데, 진정서 내용 중 '쓸데없는 실습을 무가치하게 시킨다는 것'이 있다. '교육을 위한 실습이 아니요, 실습을 위한 실습을 강제하며, 여러 가지 화학 이용 범위에 대한 지식 같은 것도 전혀 실험해 보는 일이 희소하며, 또 골고루 실습을 하는 것이 아니라 반을 나누어 가지고 끝까지 한 곳에서 하게 하는 등' 실습이 '완연히 영리를 위주한 농장에서 인부를 사용하는 것과 같다'라는 것이다. 1931년 6월 함흥농업학교 학생들이 일으킨 맹휴에서도 요구 조건 중 하나로 '실습의 노동화를 반대할 것'이 제시되었다. 같은 해 일어난 영변농업학교 맹휴, 1933년 의주농업학교 맹휴에서도 '노동 실습' 또는 '노동적 실습' 폐지가 요구 조건 중 하나였다.

1935년 6월 안주농업학교에서는 4학년 학생이 실습 시간에 고목을 캐기 위해 구덩이를 파다가 사고로 사망한 일이 일어났다. 이 학교에서는 비품 구입비를 마련한다고 학교 직원에게 부과된 도로 수리 부역을 학생들에게 시키고, 실습지를 만들기 위해 학교 앞에 박혀있는 성곽돌을 파서 운반하게 한 일도 있었다. 학교 측은 '근로정신을 함양시키기 위해' 시킨 실습이라고 강변했고, 안주 조선인 사회에서는 근로정신 함양도 정도 문제라며 다음과 같이 비판했다.

> 농리(農理)와 별로 관계가 없는 실습인 동시에 근로정신-노동정신을 체득시키는 정도를 벗어나서 노동력을 매매하는 노동시장에서나 볼 수 있는 과로를 시켰다는 점에서 또한 학교 당국의 실책임을 말하게 된다. … 동교는 농업학교이니만큼 첫째, 농(農)에 관한 것을 학술로서 습득케 할 것이오. 둘째, 탁상에서 배운 농업에 관한 이론을 기초로 하고, 실제 실습으로 체험하는 정도면 농업학교 근본 취지에 적절한 바일 것이다. 그러나 이상에서 예기한 모든 사실은 그러한 정도를 벗어나서 혹은 농리와는 별 관계가 없는 노역을 과중히 시킨 연고로써 필경은 불상사까지 연출하게 되었으니, 이 보도를 접하는 학부형이 어찌 하루인들 안심하고 자제를 보낼 수 있으랴?
>
> – 「안주농교에 일언」, 『동아일보』 1935. 7. 6.

당시 농업학교 학생들 스스로가 실습을 가리켜 쓸데없는 실습, 실습을 위한 실습, 실습의 노동화, 노동 실습, 노동적 실습이라고 토로했듯이, 실습은 사실상 학생 노동력 착취였다.

보통학교 직업 과목과 '실습'

비교육적 실습은 보통학교도 마찬가지였다. 조선총독부는 1929년 6월 보통학교의 실업 과목 명칭을 '직업'으로 개칭하고 필수과목으로 지정했다. 과목명을 직업이라고 바꾼 이유에 대해 농업, 공업, 상업, 수산 등의 과목으로 분과되어 있던 것을 하나로 통합했다는 의미라고 밝혔는데, 통합의 준거는 '지방의 실정과 가정의 실제 생활'이었다. 농업, 공업, 상업, 수산 등에 관한 사항 중 지방 사정에 적절한 것을 선택하여 실험 실습을 중심으로 교육하라는 것이다. 즉 직업은 전국적으로 공통된 교육 내용도, 교과서도 없고, 가정의 생업 활동을 학교 교육과정에 포함시켜 실습 실험이라는 명목으로 학교에서 학생들에게 일을 시키는 과목이었다.

보통학교의 직업교육은 거의 무조건 실습이었다. 농촌 지역 학교인 경우, 빌리든지, 학생·교원을 동원해서 개간하든지, 기증을 받든지, 어떤 방법으로든 실습지를 마련하여 농작물을 재배하고, 가축 사육, 풀베기, 퇴비 제조, 가마니 짜기, 새끼 꼬기, 짚신 삼기 등을 하는 것이다. 여학생들은 양잠도 했다. 즉 보통학교 직업교육이란 수업료를 내고 다니는 학교에서 굳이 배우지 않아도 되는, 가정에서 흔히 하는 농업 노동이었다.

조선총독부는 직업교육 우수 사례를 홍보하고, 해당 학교의 교원·교장을 이른바 모범 교원으로 표창했다. 아래 기사의 맹중리 보통학교가 그러한 '평안북도 모범학교의 하나'였다. 그 실상은 기사에 보도된 바와 같다. 실습지가 넓어질수록, 학교에서 가축이나 누에를 많이 키울수록 가마니며, 새끼, 짚신 등이 많이 늘어날수록 학과 수업이 힘들어질 것은 당연한 일이다.

> 지난 14일 오후 1시에 맹중리 공립보통학교에서 동교 학부형총회가 열렸는데, 그 석상에서 학부형들이 실습 시간을 규정대로 줄이라고 절규한 사실이 있다. 본래 동교의 실습이 어린이들에게 과도하다고 부형네들은 항상 자기 자제를 애처로워했고, 근방에서는 동교를 '농업학교'라고 부르기까지 한 농업으로 평북의 모범학교의 하나다. 그런데 학부형 기규봉 씨는 학부형총회에서 학교 당국에 아동에게 과도한 노동을 시켜 학업 성적이 대단히 불량하니, 실습 시간을 제한하여야지 끝끝내 과도한 노동을 시킨다면 자제들을 학교에 보낼 수가 없다고 부르짖었다 한다.
> ―「농업 실습 과도 학업성적 불량」, 『동아일보』 1934. 4. 18.

직업교육 우수 학교란 농업 실습을 많이 하는 학교, 즉 학생들에게 노동을 많이 시키는 학교라는 의미와 같은 것이다. 다음 기사에서 보듯이 실습이나 직업교육이라는 명목으로 어린 학생에게 과중한 노동을 강요하고, 학교 수업이 파행하는 일이 전국적으로 벌어지고 있었다.

> 장성공보에서는 실지견습이라는 미명하에 생도에게 매일 노동을 시키며, 10리 이상의 원거리에서 점심도 가지지 아니한 통학생에게까지 오

〈그림 15-1〉 1934년 충북 제천의 봉양공립보통학교와 1935년 강원도 주천공립보통학교의 '실습' 모습
- 출처: 『조선신문』 1934. 10. 7, 1935. 9. 4.

후 6시가 넘도록 실습을 과중히 시키고, 심지어 매년 봄철이면 동산공원의 벚나무 애벌레까지 잡게 하며 실지 학과에는 등한히 한다고 학부형 측에서는 학교 당국에 대하여 원성이 자자하다고 한다.
- 「장성공보에서 실습이 과중타고 학부형들의 청원이 높다」,
『조선중앙일보』 1933. 7. 11.

경북 경산읍 내 공립보통학교에서는 생도들의 실습 시간이 너무 지루하게 4~5시간을 끌 때가 흔히 있고 … 어린이들의 힘에는 심히 과중한 노동을 시키고 있어서 공부에 지장은 말할 것도 없거니와 그들의 보건상으로 보아 비상한 타격을 주고 있다고 한다. 피폐한 농촌 상태로 보아 생도들 대다수는 겨우 연명만 해가는 빈한한 가정에서 아침에 죽을 먹고 학교에 가는 것과 점심밥을 싸지 못하는 형편인데, 그러한 사정을 조금도 아는 체 아니하는 학교 당국에서는 실습 시간을 오후 6시나 7시까지 연장할 때가 가끔 있으므로, 가뜩이나 영양이 부족한 데다가 과도한 피로에 지친 아이들은 병이 나서 결석하는 자가 많다고 한다.
- 「실습 과중으로 이병(이질) 결석자 다수」, 『동아일보』 1936. 6. 20.

교육기관인 학교에서 학생에게 노동을 시키는 것, 그것도 학과 공부와 건강에 악영향을 미칠 정도로 과중하게 부과했다는 것, 게다가 그것을 실습이나 직업교육이라는 명목으로 강제했다는 것만큼 일제강점기 교육의 식민성과 비교육성을 드러내는 사실도 없을 것이다.

16

제3차「조선교육령」의 본질은 무엇일까?

　중일전쟁 발발 직전인 1937년 6월, 일본 육군성은 조선군사령부에 조선인 병역 문제에 대한 의견 제출을 요청하였다. 한 달 뒤인 7월 2일 조선군사령부는 '병역 문제 해결을 위한 시험적 제도로서 조선인 장정을 지원에 따라 현역 복무시키는 제도를 정하는 것이 적당하다.'라고 지원병제를 인정하는 의견을 제출했다. 하루 전인 7월 1일, 조선 총독은 도쿄에서 일본 내각과 조선인·일본인 학교 명칭 통일, 중등학교 조선인·일본인 공학 실시, 보통학교 의무교육 점진적 실시 등에 관해 합의했다. 7월 7일 중일전쟁이 발발했고, 8월 5일 조선군사령부와 조선총독부 간부들은 연석회의를 개최하여 조선에서 지원병제를 실시할 수 있으며, 이를 뒷받침하기 위해 조선인으로 하여금 자신이 '일본 국민이라는 자각을 철저히' 할 수 있도록 다음과 같이 교육을 '쇄신'하기로 합의했다.

1. 내선학교의 명칭 통일을 도모함과 함께 교육 내용을 쇄신하고, 국민 교육의 철저를 기하여, 특히 조선인은 일본 국민이라는 자각을 철저히 시키고 학교에서 조선어 교수는 완전히 폐지하도록 조치할 방침이다.
2. 전 항의 취지에 따라 교육령 기타 부속 법령을 개정하고 학과과정, 교칙, 교재, 교육법 등에 쇄신·개선을 꾀하며, 1938년 4월부터 실시할 수 있도록 조치할 방침이다.
3. 관립사범학교를 증설하여 유자격 교원의 양성을 꾀하고, 이와 함께 교원의 재교육에 관해서 특별히 고려할 방침이다.

- 「국민교육에 대한 방책」, 1937. 8.

조선총독부는 위의 내용을 그대로 반영하는 「조선교육령」 개정 작업을 일사천리로 진행하여 1938년 3월 4일 제3차 「조선교육령」을 공포했다. 그리고 4월 3일부터 17세 이상 남자로 육군에 지원하는 자는 현역 또는 제1 보충병역으로 복무할 수 있다는 「육군특별지원병령」이 시행되었다. 즉 제3차 「조선교육령」은 일제의 전쟁 수행을 위한 조선인 병력 동원과 밀접한 관계를 갖고 제정된 것이다.

제3차 「조선교육령」의 핵심은 첫째, '내선인 교육기관 통일'이라고 하여 조선의 학교 명칭을 일본과 동일하게, 즉 보통학교는 소학교로, 고등보통학교는 중학교로, 여자고등보통학교는 고등여학교로 바꾼 것이다. 물론 실제로 조선인·일본인 학교가 통합된 것은 전혀 아니었다. 학교 경비를 부담하는 주체가 조선인 학교와 일본인 학교가 달랐는데, 이것이 그대로 유지되었고, 조선인 초등교육은 여전히 의무교육이 아니었다. 다만 제2차「조선교육령」시행기에 조선인이 일본인 학교에, 일본인이 조선인 학교에 입학하려면 허가를 받도록 했던 규정은 폐지되었다. 몇몇 학교는 제3차「조선교육령」으로 인해 공연히 학교 이름까지 바꿔야 했다. 예를 들면, 대도시인 경성에는 학교 이름이 경성인 학교가 조선인 학교로 경성제일·경성제이 고보와 경성여고보, 일본인 학교로 경성중학교와 경성제일·경성제이·경성제삼 고등여학교 등 7개교나 있었다. 결국 경성제일고보는 경기중학교로, 경성제이고보는 경복중학교로, 경성여고보는 경기고등여학교로 조선인 학교가 이름을 바꾸었다. 평양에도 평양고보와 평양여고보, 평양중학교와 평양고등여학교가 있었는데, 평양고보를 평양제이중학교, 평양중학교를 평양제일중학교로 바꾸었고, 여학교는 평양여고보가 서문고등여학교가 되었다.

둘째, 소학교부터 중학교, 고등여학교, 사범학교 모든 학교에 대해 교육 내용에 '황국신민' 의식을 심는 정신교육적 내용을 포함한 것이다. 각 학교 규정을 살펴보면, 교육의 유의점으로 국민도덕 함양에 힘쓰고 왕국신민으로서 친황에게 충성을 다할 것, 일본어 능력이 황국신민다운 성격이니 일본어에 숙달할 것, 체력을 강화할 것 따위가 공통적으로 강조되고 있다. 병력 동원을 뒷받침하려는 의도였다. 여학생에 대해 결혼생활과 육아에 관한 사항을 이해하는 데 힘쓰라는 내용이 추가된 것도 마찬가지다. 장차 일제의 군인이 될 아동을 출산·양육하는, 이른바 군국(軍國)의 어머니라는 여성상을 강요한 것이다.

조선총독부는 제3차「조선교육령」을 공포하면서 국체명징, 내선일체, 인고단련을 3대 교육강령으로 내세웠다. 국체명징은 일본은 수천 년 동안 이어져 온 황실과 신적 존재인 천황이 존재하는 나라라는 것을

〈그림 16-1〉 숙명여고보의 검도 훈련 모습
조선총독부는 굳센 여성, 강한 어머니 양성을 목표로 여학교에도 체육교육을 강화하고 검도, 유도, 궁도 등을 교수하도록 강제했다.
- 출처: 『동아일보』 1938. 5. 3.

〈그림 16-2〉 초등학생의 이른바 무도 훈련
아동들이 맨발에 키보다 긴 목총을 들고 있다.
- 출처: 아사히신문사, 『사진 보도 싸우는 조선』(1945)

명확히 알라는 것이다. 황국신민서사 암송, 신사 참배, 천황의 사진이나 천황이 사는 곳을 향해 허리를 깊이 숙여 절하는 궁성요배 따위를 학교 행사로 강요한 이유가 이 때문이다. 인고단련은 국가적 대업, 즉 전쟁 수행을 위해 정신적·신체적으로 단련하라는 것이다. 이에 따라 학교에서는 군사훈련인 교련이 강화되고, '근로보국'이라 하여 학생을 농·산·어촌, 공장 등에 강제 동원하기 시작했다.

다음은 1936년 평안북도 대관공립보통학교에 입학했던 리영희(李泳禧)의 회고다.

2학년에 오른 1937년 여름 … 중일전쟁이 시작되었다. 학교의 교육 내용은 갑자기 전쟁색채가 짙어졌다. 3학년부터는 중국 전선의 일본 군대에 보내는 '위문문'이라는 것을 일본어로 쓰는 시간이 늘었다. … 도화 시간은 으레 일본군 탱크와 군함, 비행기를 그렸고, 일본군의 공격 앞에서 중국인은 언제나 쓰러져 있거나 뒤도 돌아보지 않고 뺑소니치는 것이 소재였다. 글짓기 시간도 마찬가지 소재와 내용이어야 했다. "장래 무엇이 될래?"라는 질문에는 자신의 처지도 모르고 무조건 육군 대장이거나 해군 대장 아니면 용감한 군인이 정답이었다. "누구를 존경하는가" 하면 "육탄 3용사를 존경합니다"라고 해야 했다. … 4학년 초(1939) 체육 시간에 즐기던 야구가 폐지되었다. 배트, 글러브, 미트 등은 운동기구 창고에 내동댕이쳐졌다. 남자아이들의 손에는 목도(木刀)가 쥐어지고, 여자아이들의 손에는 창칼이 쥐어졌다. 유희와 경기, 스포츠 대신 수류탄 던지기, 모래주머니 메고 뛰기, 도랑 뛰어넘기 등으로 바뀌었다. 5학년이 되자(1940) 운동회가 폐지되었다. 전체 면민의 축제였던 시골 국민학교의 운동회가 폐지되면서 학교생활을 감쌌던 웃음과 노래의 분위기는 사라지고, 호령과 군가와 함성이 살벌하게 메아리쳤다. … 5학년 1학기 도중에 조선어가 시간표에서 사라졌다. 「조선어교육폐지령」은 1941년 3월 10일 자로 되어 있지만 실제로는 이미 그 전 해인 1940년 여름에 우리는 우리의 말과 글을 쓰지 못하게 되었다. … 조선어 사용 금지와 함께 전체 학생에게 '밀고정신', '고발정신'이 강요되었다. 조선어를 사용하는 생도를 발견하면 학교에 밀고하도록 장려하는 제도가 실시된 것이다. 밀고하는 학동에게는 포상이 주어지고, 조선어를 쓴 학동은 처벌을 받아야 했다.

- 리영희, 1988, 『역정 나의 청년 시대』, 창작과 비평사, 19~22쪽

리영희의 회고는 제3차 「조선교육령」이 시행된 학교 현장의 모습을 잘 보여준다. 학교는 교육이 아니라 세뇌·훈련의 장이 되어 가고 있었다.

리영희가 6학년이 된 1941년 3월, 일본은 소학교라는 명칭을 국민학교로 바꾸고, '황국민 연성' 운운하며 국수주의적·국가주의적 교육을 노골적으로 시행하기 시작했다. 이에 따라 조선에서도 소학교는 국민학교로 다시 한번 명칭이 바뀌게 된다.

17
일제 말 노동으로 내몰리는 학생들

일제는 중일전쟁을 일으킨 후 이른바 총동원운동을 전개하였다.

총동원운동이란 일상생활의 모든 것을 통제하며, 군대식으로 조직화하고 훈련하여 전쟁 수행에 적합하게 개조하려는 운동이다. 이에 따라 중일전쟁 발발 직후부터 온갖 선전·선동이 난무하는데, 그중 하나가 '근로보국'이었다. 부지런히 일해서 '천황=국가'의 은혜에 보답하라는 의미다. 조선총독부는 1938년 7월부터 학생과 일반인으로 나누어 근로보국대를 조직하고 근로보국운동을 전개하기 시작했다.

학생 대상 근로보국대는 각 학교를 단위로 군대와 비슷하게 조직되었다. 조선총독부에 지도 총본부를 두고, 그 산하에 각 도 지도본부를, 다시 각 도내 학교 단위 근로보국대를 조직하는 것이다. 학생 약 20명을 단위로 반, 반 위에 대를 조직하고, 교원은 지도원, 교장은 학교 근로보국대의 대장을 맡았다. 근로보국대 활동은 모든 학생이 재학 중 2회

이상, 여름방학에 1회 10일 정도 합숙하며, 활동을 시작할 때는 거창한 예식을 하도록 했다. 다음은 1938년 경기도 학교근로보국대 결성식 모습이다.

> 도내 20교의 남자 중등학교와 12교의 여자 중등학교 4·5학년생 6,331명으로 조직된 경기도 학교근로보국대는 21일 아침 7시 반 조선신궁 앞 광장에서 엄숙한 결성식을 거행하였다. … 육천여 남녀 생도가 정렬하여 신전에 대한 일동의 경례로 식이 시작되었다. 국기게양, 국가제창, 황거요배가 있은 다음, 보국대 지도본부장 도지사로부터 전시체제하에 학생에게 근로정신을 함양하는 학생근로보국운동의 의의를 강조하는 훈시, 학생근로보국대 총지도본부장 학무국장의 고사, 황국신민서사 제창, 도지사로부터 각 학교에 대기(隊旗) 수여가 있은 다음, 용산중학교장이 참가 학교를 대표하여 보국대 선서문 낭독을 하였다. 그리고 일동은 황군의 무운장구를 비는 1분간 묵도를 하고, 일동의 신전 경례로 9시 반 식을 마쳤다. 보국대 결성을 완전히 마친 남녀 생도는 브라스밴드와 이날 수여한 각 학교 보국대기를 선두로 각각 지정된 작업장으로 보무도 당당히 진군을 하여 곧 작업에 착수하였다.
> - 「경기도 학생근로보국대 금일 결성식 거행」, 『조선일보』 1938. 7. 22.

즉 근로보국운동은 노동력 동원에 정신교육과 장차 병력 동원을 예비한 체력 훈련까지 겸한 것이었다.

근로보국대 활동 기간에 대개 남학생은 개간이나 각종 토목공사, 여학생은 농업, 신사 청소, 군용품 제조, 병원에서 보조 작업 등 특별한 기

<그림 17-1> 경기도 학생근로보국대 결성식 중 대기 수여 장면
- 출처: 『조선일보』, 1938. 7. 22.

<그림 17-2> 결성식 후 작업장에서 노동하는 학생들 오른편에 근로보국대기가 보인다.
- 출처: 『조선일보』, 1938. 7. 22.

술이 필요 없고, 교육적 의미를 찾기 어려운 단순 노동을 했다.

시일이 지날수록 학생 노동 동원은 방학 중의 특별활동에서 연중 언제나 가능하게 되었고, 기간도 연장되었으며, 대상도 초등학교까지 확대되었다. 동원 범위도 중등학교와 전문학교, 대학은 전공별로 단순 노동부터 공장, 사업장, 시험연구시설, 병원 등으로 넓고 다양해졌다. 1940년대가 되면 노동 동원을 위해 수업연한까지 단축하는, 아예 학교 교육 그 자체가 되었다.

내가 살던 원산은 항구 도시라서 아침에는 수업을 듣고, 오후 두 시간 동안은 우리 학교 학생 전체가 공장으로 가서 바로 그곳 해안에서 잡은 생선으로 통조림 만드는 일을 했어요. … 생선을 말리는 일이었지만 그 전에 먼저 생선을 두들겨야 했어요. 그렇게 매일 오후 두 시간씩 우리는 생선을 두들겼어요. 온갖 학교에서 학생들이 다 왔어요. 남학생, 여학생, 5학년부터 중학생들까지. 날씨는 덥고 팔은 아팠지만 멈출 수가 없었지

〈그림 17-3〉 학교에 설치된 작업장에서 군복과 군마(軍馬) 장비를 만드는 학생들
— 출처: 아사히신문사, 『사진 보도 싸우는 조선』(1945)

요. 겨울에는 생선을 말릴 수 없었어요. 그래서 일주일에 세 번 산에 가서 소나무 수액을 채취했어요. 1943년, 1944년, 1945년 해마다 이 일을 했지요. … 1945년 3월 6학년을 졸업하고, 4월에 감리교 계열의 학교에 들어갔어요. … 아무도 공부를 할 수 없었어요. 또다시 우리 모두는 대열을 지어 공장으로 가서 그 끔찍한 생선을 두들겼지요.

— 힐디 강, 2011, 『검은 우산 아래에서』, 산처럼, 245쪽

위의 회고는 초등학생까지 학교 대신 공장에서 강세 노동을 했던 실상을 보여준다.

1940년 마산의 한 소학교에 입학했던 역사학자 강만길(姜萬吉)은 태평양전쟁이 발발한 뒤로 등교할 때 퇴비용 풀을 지고 가야 했고, 때로는 수업을 중단하고 송진을 따거나 나무에 올라가서 송진가지를 베어 바

쳐야 했다고 기억했다. 국민학교 저학년 어린 학생도 노동 동원에서 예외가 아니었다.

급기야 1945년에는 국민학교와 전쟁 수행에 필요한 군수공업 관련 학과를 제외한 전 학교의 수업을 1년간 정지하고, 식량 생산, 기타 온갖 공장과 공사 현장에 학생을 동원하는 긴급 조치가 실행되었다. 1942년 경성공업학교에 입학했던 리영희는 1944~1945년 학교생활을 다음과 같이 회고했다.

> 4학년이 되자 개학한 첫날의 조회에서 4학년 전원에 대한 「학도보국근로령」 적용을 시달받았다. 교장의 훈시와 '령'의 이름으로 비장하고 굉장해 보이지만 내용은 간단하다. 앞으로 1년간 학교에는 나올 필요 없이 각기 지정된 현장에서 노동을 한다는 말이다. 이날부터 나는 학생이 아니었다. 전국의 4학년생이 모두 그랬다. … 아침에 봉래동 다리 옆에 있는 경선전기 자재 창고에 나가 5명씩 조가 되어, 무거운 자재를 리어카에 싣고 목적지까지 끌고 가서 작업을 한다. 모두가 죽만 먹고 나온 터라 힘이 나올 곳이 없고, 작업의 능률이 오를 까닭이 없었다. 작업 책임량을 달성치 못하여 저녁 늦게까지 남는 날도 적지 않았다. … 모든 학생이 한 사람도 빠지지 않고 아침이면 꼬박꼬박 자재 창고에 나왔다. 일본제국에 충성하기 위해서? 천만에! 동기와 이유는 그보다 훨씬 동물적이었다. 근로동원 학생에게는 점심때에 밀가루 빵 두 개가 특별 지급되었다. 껍질이 노랗게 딱딱하게 구워진 소년의 주먹만한 밀가루 빵 두 개. 하나가 아니라 두 개다! 그 맛! 그것이 뱃속에 들어갔을 때의 포만감! 학생들은 그 빵 두 개를 먹는 기대 때문에 매일 아침 그 지겨운 노동을 하러 나갔다.

어쩌다가 빵 배급 타러 갔던 학생이 빈 주머니를 들고 돌아온 날 오후는 모두 주저앉은 채 움직이지도 못했다.

- 리영희, 1988, 『역정-나의 청년 시대』, 창작과비평사, 79~81쪽

일제 말에는 전시 통제경제정책에 따라 쌀을 포함한 각종 식품과 생필품에 대해 배급제가 시행되고 있었다. 전쟁은 과연 언제 끝날 것인지, 학교 수업은 언제 재개될 것인지 알 수 없는 미래에 대한 불안 속에서 학생들은 허기와 강제 중노동에 시달리고 있었다.

18

1943년 일제는 왜 또 「조선교육령」을 개정했을까?

　태평양전쟁이 발발한 지 1년여 지난 1943년 3월 8일, 조선인 징병제 시행 1년여를 앞두고 일제강점기 마지막 「조선교육령」 개정이 이루어졌다. 제4차 「조선교육령」이었다. 당시 조선 총독은 제4차 「조선교육령」 공포에 관하여 다음과 같은 설명을 했다.

　이번 교육제도 개정에 있어서 특히 유의한 것은 … 황국신민으로서의 자질을 연성함으로써 국체의 본의에 투철케 하는 동시에 모든 조선인이 한 사람도 빠짐없이 일어생활에 숙달하게 함으로써 도의조선을 확립하고, 조선 통치 부동의 철칙인 완전한 일시동인의 세계에 도달하게 하고, 반도가 갖는 거대 우수한 특질을 최고도로 증강 발휘함으로써 국가의 기대에 부응할 것을 기도한 데 있다. 즉 사범학교나 실업학교가 아닌 각 중등학교에서도 남녀를 불문하고 각 학년을 통하여 직업과 또는 실업과를 특설해서 지방의 주요 산업에 숙달케 하고, 극기근면의 기풍을 함양하는 동시에 생산 증강에도 응분의 기여를 하게 하는 데 있다.

— 『조선총독부관보』, 1943. 4. 1.

조선 총독의 발언에 등장하는 '황국신민 연성'은 일제 말 전쟁 동원을 상징하는 표현이다. 연성이란 수련, 훈련, 단련, 연마 등과 비슷한 의미로, 1930년대 중반 일본에서 국수주의적·국가주의적 의도에서 창출된 개념이었다. '일시동인'은 '내선일체'의 유사어이며, '도의조선 확립'은 일제가 '국체본의 투철'과 함께 부르짖던 것으로, 세계를 천황 중심의 일대 가족으로 만드는 것이 도의적 질서이며, 연성을 통해 조선을 그 모범지역으로 건설하자는 괴기한 구호였다.

갖은 허황하고 터무니없는 선동적 언사를 쏟아놓고 있지만, 요점은 전쟁 수행을 위한 동원과 훈련을 철저하게 하고자 「조선교육령」을 개정했다는 것이다. 따라서 개정의 핵심은 수업연한 단축이었다. 제4차 「조선교육령」에 따라 중등 이상 모든 학교의 수업연한이 단축되었다. 중학교와 고등여학교, 실업학교는 5년에서 4년이 되었고, 경성제국대학과 전문학교도 6개월~1년 줄었다. 사실 제4차 「조선교육령」이 공포된 지 얼마 되지 않아 학생 동원을 강화하는 각종 법령과 지침들이 쏟아졌기 때문에 수업연한은 무의미했다. 초등학교부터 대학, 전문학교까지 모든 학교가 노동 동원과 군사교련으로 학과 수업이 제대로 되지 않은 지 이미 오래였다. 게다가 1944년에는 전쟁 수행에 긴요하지 않다는 이유로 문과 계열 전문학교들은 아예 문을 닫게 되었고, 경성법학전문학교·경성고등상업학교는 경성경제전문학교라는 이름으로 통합되었다. 사립전문학교 중 보성은 경성척식경제전문학교, 연희는 경성공업경영전문학교가 되었으며, 다른 사립전문학교들은 징병 대상자에게 예비 훈련을 시키는 청년 연성소 또는 연성소 지도원을 양성하는 기관이 되거나 강제 폐교되었다. 결국 학교가 교육기관으로서 본 모습을 되찾기 위해서는 해방 이후를 기약해야 했다.

맺음말

　밤낮없이 부지런히 애쓴 보람 있어 / 그 열매가 오늘 마침내 꽃피었도다 / 자, 우리 모두 소리를 모아 부르고 축하하세, 오늘의 기쁨을!
　머무는 동생들이나 떠나는 형들이나 / 모두가 한마당의 배움의 동무 / 자, 우리 모두 소리를 모아 부르고 축하하세, 오늘의 기쁨을!
　　　　　- 리영희, 1988, 『역정-나의 청년 시대』, 창작과비평사, 37~38쪽

　위 노래는 1942년 3월 치러진 평안북도 대관국민학교 졸업식에서 불린 졸업가다. 노래는 '오늘의 기쁨을 소리 모아 부르고 축하'하자고 했지만, 졸업가가 끝나기도 전에 졸업식장은 오열로 가득 찼다고 한다.

　지금은 국민학교가 중학교로 가기 위한 과정에 지나지 않지만 그 당시는 과정이 아니라 그것으로 끝나는 종결이었다. 그렇지 않은 것은 불과 몇 안 되는 예외적인 중학 진학 아동의 경우뿐이다. 나머지 9할 이상의 아동에게는 졸업식은 천진난만하고 즐겁기만 했던 어린 시절의 종말을 뜻했다. 그날부터 그들은 어른이 되는 것이고, 그 당시의 조선인 어른에게는 본업인 소작인 아들로서의 고된 농사일뿐 아니라 전쟁 시국하의 각종 부역, 일본 군대를 위한 노동 징용, 보국대의 고역이 기다리고 있다. 중학교로 올라가는 소수의 아이는 계속 '소년'이지만 나머지 아이들은 전혀 질적으로 다른 인생으로 들어가는 것이다. 졸업식은 그와 같은 엄

준한 두 갈래 길의 출발점이었다. … 졸업식장은 온통 울음바다가 되었
다. … 이 순간이 지나면 어른이 되고, 고달픈 인생살이의 무거운 짐을 짊
어져야 할 농촌 출신 아이들일수록 목 놓아 울고 있었다.
- 리영희, 1988, 『역정-나의 청년 시대』, 창작과비평사, 38~39쪽

    겨우 초등학교를 졸업하고 어른이 되어야 했던 대관국민학교 졸업생들은 초등학교조차 다니지 못한 아동보다는 그나마 나은 처지였다고 할 것인가. 19세기 후반부터 20세기 초 근대 개혁기, 정부와 민간이 상호 협조하며 신교육을 확장해 갈 때 학교 설립과 운영에 기여했던 사람들, 교원 또는 학생으로 교육에 참여했던 사람들은 적어도 이보다는 나은 현실을 꿈꾸었을 것이다.
    1920년 초 동래에서 민립고등보통학교 설립 운동을 주도했던 김병규는 교육기관이란 한 개인의 사재로 설립했다 하더라도 사회적 공공재의 성격을 띠고 있다고 말한 바 있다. 학교가 공공재라는 것, 즉 교육의 공공성은 단순히 국가가 교육을 책임지거나 관리한다는 의미가 아니다. 그렇다면 통치 권력이 교육을 지배·장악하고 있었으니 일제강점기 교육도 공공성이 높았다고 해야 할 것이다. 교육에서 공공성은 매우 다차원적이고 다양하게 규정될 수 있는 개념으로, 고정된 것이 아니라 사회와 시대의 맥락에 따라 끊임없이 갱신되어야 하는 실천적 과제라

고 할 수 있다. 따라서 교육의 공공성이 현실에서 구현되기 위해서는 교육을 통해 이루고자 하는 가치와 교육의 목적, 교육 주체들의 이념이나 의도 등 윤리적 측면도 갖추어져야 한다.

이렇게 본다면, 교육의 공공성을 다음 여섯 가지 측면에서 살펴볼 수 있다. 첫째, 일반 공중을 대상으로 이들이 보편적으로 개방된 교육체제에서 각자의 능력에 따른 기회를 균등하게 보장받는 기회균등, 둘째, 균등한 기회를 보장하기 위한 국가나 공적 기관의 관리, 셋째, 교육에 대한 공적 관리 과정에서 공적 비용을 충분히 투입하고 공정하게 배분하는 재정적 지원, 넷째, 교육 목적 면에서 공익과 공동선의 추구, 다섯째, 교육 주체들의 민주적 참여, 여섯째, 공적 지식으로서 공통 내용을 교육 내용으로 구성하는 것이다.

일제강점기 교육은 형식적·제도적 기회균등조차 이루어지지 못했고, 조선총독부 권력은 이를 해결하기 위한 실효성 있는 조치를 전혀 취하지 않았다. 가능한 한 국고 지원을 줄이고, 학교 교육에 드는 비용을 학교가 있는 지역의 조선인이 최대한 부담하게 하는 수익자 부담 원칙을 고수했다. 부담을 떠안긴 대가로 의사결정에 참여시킨 것은 물론 아니었다. 조선총독부가 조선에서 실행한 교육의 목적은 일본어를 잘하고, 성실·근면하게 노동에 종사하는 '충량한 신민' 육성이었다. 시기에 따라 표현이나 방법에 차이가 있었을 뿐, 이는 일제강점기 내내 일관된 것이었다. 따라서 교육이 체계적으로 초등-중등-고등으로 이어지지 못한 채 각각 완결 교육으로 행해졌고, 일본어가 교육과정상 가장 중요한 과목이 되었으며, 학생에게 학과 수업 대신 집단노동을 시키는 것이 실습·직업 교육이라는 명목으로 버젓이 자행되었다. 기회균등, 공적 관리, 공적 비용, 공익 추구, 참여성, 공적 지식 어떤 측면에서도 공공성을 갖지 못하고, 일제의 이익 충족에 기여했던 것이 조선총독부 교육정책의 본질이었다.

참고문헌

<자료>
- 『조선』
- 『대한매일신보』, 『대한매일신보(국한문)』, 『동아일보』, 『매일신보』, 『조선일보』, 『황성신문』
- 『조선제학교일람』, 『조선총독부관보』, 『조선총독부통계연보』,
- 『한국교육』(1909), 『학사참고자료』(1937)
- 경성사범학교 편, 1929·1934, 『경성사범학교총람』.
- 다카하시 하마키치(高橋濱吉), 1930, 『조선교육사고』, 경성 : 제국지방행정학회조선본부.
- 시데하라 다이라(幣原坦), 1918, 『조선교육론』, 육맹관.
- 한국학문헌연구소 편, 1984, 「고시문」(갑오 8월 초2일, 학무대신시), 『박정양전집』, 4, 아세아문화사.

<개인 회고록·자서전 및 학교사>
- 강만길, 2010, 『강만길 자서전 역사가의 시간』, 창비.
- 리영희, 1988, 『역정-나의 청년 시대』, 창작과비평사.
- 이희호, 2008, 『이희호 자서전 동행』, 웅진지식하우스.
- 조기홍, 1979, 『지란의 뜰에서』 성신여자대학출판부 간행.
- 순화회 편, 1987, 『경성사범학교사 대애지순』, 일본: 순화회.

<단행본>
- 강명숙, 2015, 『사립학교의 기원-일제 초기 학교 설립과 지역사회』, 학이시습.
- 김광규, 2021, 『일제강점기 초등교육정책』, 동북아역사재단.
- 김부자, 조경희·김우자 옮김, 2009, 『학교 밖의 조선 여성들-젠더사로 고쳐 쓴 식민지 교육』, 일조각.

- 김자중, 2022, 『한국 대학의 뿌리, 전문학교』, 지식의날개.
- 김태웅, 2017, 『신식 소학교의 탄생과 학생의 삶』, 서해문집.
- 김태웅, 장세윤, 2022, 『일제강점기 고등교육정책』, 동북아역사재단.
- 안홍선, 2021, 『일제강점기 중등교육정책』, 동북아역사재단.
- 오성철, 2000, 『식민지 초등교육의 형성』, 교육과학사.
- 정연태, 2021, 『식민지 민족차별의 일상사』, 푸른역사.

<논문>
- 강명숙, 2007, 「일제시대 제1차 「조선교육령」 제정 과정 연구」, 『한국교육사학』, 29권 1호.
- 강명숙, 2008, 「일제 말기 학생 근로 동원의 실태와 그 특징」, 『한국교육사학』 30-2.
- 구희진, 2009, 「대한제국기 국민교육의 추진과 굴절」, 『역사교육』, 109호.
- 김형목, 1998, 「사립흥화학교(1898~1911)의 근대교육사상 위치」, 『백산학보』 50.
- 박이택, 2006, 「조선총독부의 인사관리제도」, 『정신문화연구』 29-3.
- 윤현상, 2019, 「1920년대 군산 지역 학교 설립 과정에서의 민족 간 협력과 갈등」, 『역사문제연구』 23-2.
- 임인재, 2015, 「1895~1910년 서북지역 공·사립학교 설립 연구」, 한양대학교 대학원 석사학위논문.
- 정재철, 2000, 「한국에서의 일제식민지시대 교육사 연구 동향」, 『한국교육사학』, 22권 2호.
- 太田千惠美, 「재조 일본인 교사 죠코 요네타로(上甲米太郞)의 생애와 활동」, 고려대학교 대학원 석사학위논문, 2015.
- 이나바 쯔기오(稻葉繼雄), 2006, 「경성사범학교 '연습과' 제1기생에 대하여」, 『구주대학대학원교육학연구기요』, 제9호.

<기타>
- 국립중앙도서관 대한민국신문아카이브(http://nl.go.kr/newspaper/index.do)
- 국사편찬위원회 한국사데이터베이스(http://db.history.go.kr)
- 네이버뉴스라이브러리(https://newslibrary.naver.com/search/searchByDate.naver)

찾아보기

• ㄱ •

가봉 83, 84
각종학교 42, 43, 72
경성고등공업학교 72, 74
경성고등상업학교 72, 75, 76, 78, 112
경성공업학교 72, 75, 78, 112
경성법학전문학교 47, 67, 69, 80, 81
경성사범학교 73, 88
경성여자의학전문학교 73, 88
경성의학전문학교 71, 72
경성제국대학 47, 71, 76, 77, 88, 112
고등보통학교 38, 46, 55, 56, 76, 100
고등학교 22~24, 39, 48
공공성 18, 115~117
공립소학교 13, 14, 17
광무학교 16, 17
교육 자치 31, 32
교육구국운동 28, 31, 32, 34
국민교육 10, 11, 100
근로보국대 105~107
근로보국운동 105, 106

• ㄴ •

내지연장주의 45, 47, 48
농상공학교 17, 22, 26, 71
농업학교 37, 61~66, 96

• ㄷ •

대구사범학교 70
대동공업전문학교 73

• ㅁ •

명륜전문학교 73
민립학교 17~19, 33, 34, 43, 49
민족별 정원제 75, 77

• ㅂ •

법관양성소 13, 15
보성전문학교 19, 27, 72
보통학교 22~25, 30, 31, 37~39, 42,

47~51, 53, 54, 58, 65, 66, 68, 84, 86~88, 95, 96, 99, 100
보통학교 입학난 54
불교전수학교 72, 73

• ㅅ •

사립학교 11, 15, 17, 25, 27~31, 39~43, 58, 63, 64, 71, 88
사립학교령 23, 40, 41
사범학교 11~15, 22, 39, 47, 48, 67~70, 88, 101, 111
상공학교 16, 17, 22, 71, 74
세브란스연합의학전문학교 72, 73
소학교 11~13, 16~19, 23~25, 47, 58, 100, 101, 104, 108
수업료 49~51, 87, 95
수원고등농림학교 71
숙명여자전문학교 73, 88
숭실전문학교 72
숭실학교 72
신교육 6, 7, 12, 17, 19, 28, 34, 40
실습 65, 92~98, 117
실업보습학교 48, 64, 65
실업학교 24, 25, 37~39, 42, 46~48, 55, 61, 62, 64~66, 69, 75, 111, 112

• ㅇ •

여자고등보통학교 38, 46, 57, 100
여학교 22, 24, 58, 64, 90, 101, 102
연희전문학교 72
외국어학교 11, 13, 15, 17, 22, 24, 25, 71
월사금 49, 50
의무교육 31, 32, 43, 35, 87, 88, 99, 100
이화여자전문학교 72, 88, 90
이화학당 39, 72
일반계 중등학교 55, 58, 61, 64
일본인 교원 6, 25, 26, 29, 42, 70, 82~85

• ㅈ •

전문학교 5, 6, 11, 16, 17, 19, 22, 24, 38, 39, 42, 47, 48, 71~75, 82, 88~90, 107, 112
제1차 조선교육령 35, 38, 45~47, 67, 71
제2차 조선교육령 45~47, 54, 58, 59, 67, 74, 101
제3차 조선교육령 100, 101, 104
제4차 조선교육령 111, 112
젠더 규범 87
조선인·일본인 공학 61, 69, 75, 76, 99
주임관 81~84
중일전쟁 64, 99, 103, 105

중학교 3, 11, 16, 19, 22~24, 26, 44, 58,
　　　59, 75, 79, 80, 81, 100, 101, 112,
　　　114, 115
직업 과목 95
직업교육 95, 96, 98

• ㅎ •

한성사범학교 15, 25, 26
할당제 65
황국신민 연성 12
홍화학교 18

• ㅊ •

총동원운동 105
취학률 50, 51, 58, 86~88

• ㅍ •

판임관 81~84
평양사범학교 68, 70

일제침탈사 바로알기 30
학교는 늘었지만 - 조선총독부 교육정책의 실체

초판 1쇄 발행   2024년 10월 15일

지은이   김광규
펴낸이   박지향
펴낸곳   동북아역사재단

등 록   제312-2004-050호(2004년 10월 18일)
주 소   서울시 서대문구 통일로 81 NH농협생명빌딩
전 화   02-2012-6065
홈페이지 www.nahf.or.kr
제작·인쇄 니케북스

ISBN   979-11-7161-132-4 04910
         978-89-6187-482-3 (세트)

- 이 책은 저작권법으로 보호를 받는 저작물이므로 어떤 형태나 어떤 방법으로도 무단전재와 무단복제를 금합니다.
- 책값은 뒤표지에 있습니다. 잘못된 책은 바꾸어 드립니다.